CB009396

# ORIXÁS

## 2024

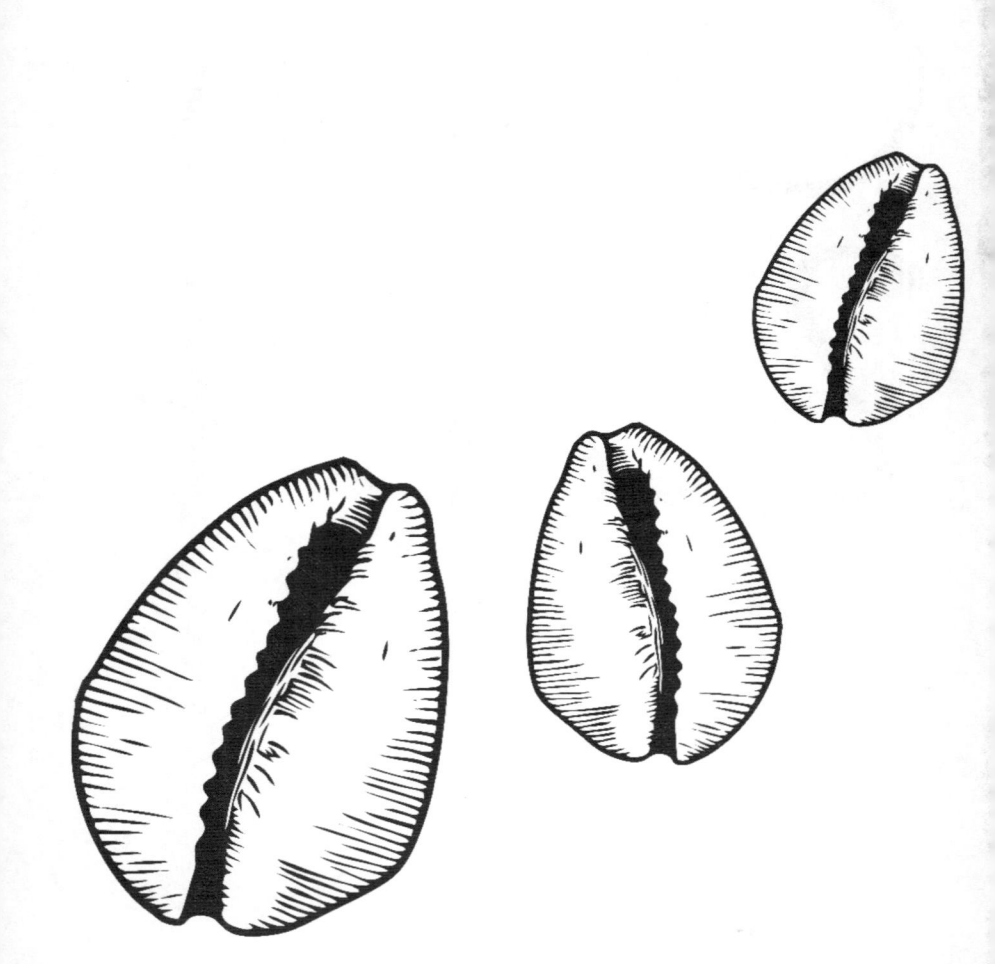

# DADOS PESSOAIS

Nome: _____

Endereço: _____

_____

Cidade: _____ UF: _____ CEP: _____ - _____

Tel.: (___) _____ - _____ Cel.: (___) _____ - _____

E-mail: _____

Website: _____

# DADOS COMERCIAIS

Nome: _____

Endereço: _____

_____

Cidade: _____ UF: _____ CEP: _____ - _____

Tel.: (___) _____ - _____ Cel.: (___) _____ - _____

E-mail: _____

Website: _____

# INFORMAÇÕES IMPORTANTES:

Tipo sanguíneo: _____ Fator RH: (  ) Positivo  (  ) Negativo

Alergias: _____

_____

Em caso de acidente ou perda deste diário, avisar a:

Nome: _____Telefone: (___) _____ - _____

Nome: _____Telefone: (___) _____ - _____

Outras informações: _____

_____

_____

_____

# Calendário 2024

## Janeiro

| D | S | T | Q | Q | S | S |
|---|---|---|---|---|---|---|
|   | 1 | 2 | 3 | 4 | 5 | 6 |
| 7 | 8 | 9 | 10 | 11 | 12 | 13 |
| 14 | 15 | 16 | 17 | 18 | 19 | 20 |
| 21 | 22 | 23 | 24 | 25 | 26 | 27 |
| 28 | 29 | 30 | 31 |   |   |   |

## Fevereiro

| D | S | T | Q | Q | S | S |
|---|---|---|---|---|---|---|
|   |   |   |   | 1 | 2 | 3 |
| 4 | 5 | 6 | 7 | 8 | 9 | 10 |
| 11 | 12 | 13 | 14 | 15 | 16 | 17 |
| 18 | 19 | 20 | 21 | 22 | 23 | 24 |
| 25 | 26 | 27 | 28 | 29 |   |   |

## Março

| D | S | T | Q | Q | S | S |
|---|---|---|---|---|---|---|
|   |   |   |   |   | 1 | 2 |
| 3 | 4 | 5 | 6 | 7 | 8 | 9 |
| 10 | 11 | 12 | 13 | 14 | 15 | 16 |
| 17 | 18 | 19 | 20 | 21 | 22 | 23 |
| 24 | 25 | 26 | 27 | 28 | 29 | 30 |
| 31 |   |   |   |   |   |   |

## Abril

| D | S | T | Q | Q | S | S |
|---|---|---|---|---|---|---|
|   | 1 | 2 | 3 | 4 | 5 | 6 |
| 7 | 8 | 9 | 10 | 11 | 12 | 13 |
| 14 | 15 | 16 | 17 | 18 | 19 | 20 |
| 21 | 22 | 23 | 24 | 25 | 26 | 27 |
| 28 | 29 | 30 |   |   |   |   |

## Maio

| D | S | T | Q | Q | S | S |
|---|---|---|---|---|---|---|
|   |   |   | 1 | 2 | 3 | 4 |
| 5 | 6 | 7 | 8 | 9 | 10 | 11 |
| 12 | 13 | 14 | 15 | 16 | 17 | 18 |
| 19 | 20 | 21 | 22 | 23 | 24 | 25 |
| 26 | 27 | 28 | 29 | 30 | 31 |   |

## Junho

| D | S | T | Q | Q | S | S |
|---|---|---|---|---|---|---|
|   |   |   |   |   |   | 1 |
| 2 | 3 | 4 | 5 | 6 | 7 | 8 |
| 9 | 10 | 11 | 12 | 13 | 14 | 15 |
| 16 | 17 | 18 | 19 | 20 | 21 | 22 |
| 23 | 24 | 25 | 26 | 27 | 28 | 29 |
| 30 |   |   |   |   |   |   |

## Julho

| D | S | T | Q | Q | S | S |
|---|---|---|---|---|---|---|
|   | 1 | 2 | 3 | 4 | 5 | 6 |
| 7 | 8 | 9 | 10 | 11 | 12 | 13 |
| 14 | 15 | 16 | 17 | 18 | 19 | 20 |
| 21 | 22 | 23 | 24 | 25 | 26 | 27 |
| 28 | 29 | 30 | 31 |   |   |   |

## Agosto

| D | S | T | Q | Q | S | S |
|---|---|---|---|---|---|---|
|   |   |   |   | 1 | 2 | 3 |
| 4 | 5 | 6 | 7 | 8 | 9 | 10 |
| 11 | 12 | 13 | 14 | 15 | 16 | 17 |
| 18 | 19 | 20 | 21 | 22 | 23 | 24 |
| 25 | 26 | 27 | 28 | 29 | 30 | 31 |

## Setembro

| D | S | T | Q | Q | S | S |
|---|---|---|---|---|---|---|
| 1 | 2 | 3 | 4 | 5 | 6 | 7 |
| 8 | 9 | 10 | 11 | 12 | 13 | 14 |
| 15 | 16 | 17 | 18 | 19 | 20 | 21 |
| 22 | 23 | 24 | 25 | 26 | 27 | 28 |
| 29 | 30 |   |   |   |   |   |

## Outubro

| D | S | T | Q | Q | S | S |
|---|---|---|---|---|---|---|
|   |   | 1 | 2 | 3 | 4 | 5 |
| 6 | 7 | 8 | 9 | 10 | 11 | 12 |
| 13 | 14 | 15 | 16 | 17 | 18 | 19 |
| 20 | 21 | 22 | 23 | 24 | 25 | 26 |
| 27 | 28 | 29 | 30 | 31 |   |   |

## Novembro

| D | S | T | Q | Q | S | S |
|---|---|---|---|---|---|---|
|   |   |   |   |   | 1 | 2 |
| 3 | 4 | 5 | 6 | 7 | 8 | 9 |
| 10 | 11 | 12 | 13 | 14 | 15 | 16 |
| 17 | 18 | 19 | 20 | 21 | 22 | 23 |
| 24 | 25 | 26 | 27 | 28 | 29 | 30 |

## Dezembro

| D | S | T | Q | Q | S | S |
|---|---|---|---|---|---|---|
| 1 | 2 | 3 | 4 | 5 | 6 | 7 |
| 8 | 9 | 10 | 11 | 12 | 13 | 14 |
| 15 | 16 | 17 | 18 | 19 | 20 | 21 |
| 22 | 23 | 24 | 25 | 26 | 27 | 28 |
| 29 | 30 | 31 |   |   |   |   |

# Feriados Nacionais

| 01/01 | Confraternização Universal |
| 12/02 | Carnaval |
| 13/02 | Carnaval |
| 14/02 | Quarta-feira de Cinzas |
| 29/03 | Paixão de Cristo |
| 21/04 | Tiradentes |
| 01/05 | Dia do Trabalho |
| 30/05 | Corpus Christi |
| 07/09 | Independência do Brasil |
| 12/10 | Nossa Sra. Aparecida - Padroeira do Brasil |
| 02/11 | Finados |
| 15/11 | Proclamação da República |
| 25/12 | Natal |

# Calendário 2025

## Janeiro

| D | S | T | Q | Q | S | S |
|---|---|---|---|---|---|---|
|   |   |   | 1 | 2 | 3 | 4 |
| 5 | 6 | 7 | 8 | 9 | 10 | 11 |
| 12 | 13 | 14 | 15 | 16 | 17 | 18 |
| 19 | 20 | 21 | 22 | 23 | 24 | 25 |
| 26 | 27 | 28 | 29 | 30 | 31 |   |

## Fevereiro

| D | S | T | Q | Q | S | S |
|---|---|---|---|---|---|---|
|   |   |   |   |   |   | 1 |
| 2 | 3 | 4 | 5 | 6 | 7 | 8 |
| 9 | 10 | 11 | 12 | 13 | 14 | 15 |
| 16 | 17 | 18 | 19 | 20 | 21 | 22 |
| 23 | 24 | 25 | 26 | 27 | 28 |   |

## Março

| D | S | T | Q | Q | S | S |
|---|---|---|---|---|---|---|
|   |   |   |   |   |   | 1 |
| 2 | 3 | 4 | 5 | 6 | 7 | 8 |
| 9 | 10 | 11 | 12 | 13 | 14 | 15 |
| 16 | 17 | 18 | 19 | 20 | 21 | 22 |
| 23 | 24 | 25 | 26 | 27 | 28 | 29 |
| 30 | 31 |   |   |   |   |   |

## Abril

| D | S | T | Q | Q | S | S |
|---|---|---|---|---|---|---|
|   |   | 1 | 2 | 3 | 4 | 5 |
| 6 | 7 | 8 | 9 | 10 | 11 | 12 |
| 13 | 14 | 15 | 16 | 17 | 18 | 19 |
| 20 | 21 | 22 | 23 | 24 | 25 | 26 |
| 27 | 28 | 29 | 30 |   |   |   |

## Maio

| D | S | T | Q | Q | S | S |
|---|---|---|---|---|---|---|
|   |   |   |   | 1 | 2 | 3 |
| 4 | 5 | 6 | 7 | 8 | 9 | 10 |
| 11 | 12 | 13 | 14 | 15 | 16 | 17 |
| 18 | 19 | 20 | 21 | 22 | 23 | 24 |
| 25 | 26 | 27 | 28 | 29 | 30 | 31 |

## Junho

| D | S | T | Q | Q | S | S |
|---|---|---|---|---|---|---|
| 1 | 2 | 3 | 4 | 5 | 6 | 7 |
| 8 | 9 | 10 | 11 | 12 | 13 | 14 |
| 15 | 16 | 17 | 18 | 19 | 20 | 21 |
| 22 | 23 | 24 | 25 | 26 | 27 | 28 |
| 29 | 30 |   |   |   |   |   |

## Julho

| D | S | T | Q | Q | S | S |
|---|---|---|---|---|---|---|
|   |   | 1 | 2 | 3 | 4 | 5 |
| 6 | 7 | 8 | 9 | 10 | 11 | 12 |
| 13 | 14 | 15 | 16 | 17 | 18 | 19 |
| 20 | 21 | 22 | 23 | 24 | 25 | 26 |
| 27 | 28 | 29 | 30 | 31 |   |   |

## Agosto

| D | S | T | Q | Q | S | S |
|---|---|---|---|---|---|---|
|   |   |   |   |   | 1 | 2 |
| 3 | 4 | 5 | 6 | 7 | 8 | 9 |
| 10 | 11 | 12 | 13 | 14 | 15 | 16 |
| 17 | 18 | 19 | 20 | 21 | 22 | 23 |
| 24 | 25 | 26 | 27 | 28 | 29 | 30 |
| 31 |   |   |   |   |   |   |

## Setembro

| D | S | T | Q | Q | S | S |
|---|---|---|---|---|---|---|
|   | 1 | 2 | 3 | 4 | 5 | 6 |
| 7 | 8 | 9 | 10 | 11 | 12 | 13 |
| 14 | 15 | 16 | 17 | 18 | 19 | 20 |
| 21 | 22 | 23 | 24 | 25 | 26 | 27 |
| 28 | 29 | 30 |   |   |   |   |

## Outubro

| D | S | T | Q | Q | S | S |
|---|---|---|---|---|---|---|
|   |   |   | 1 | 2 | 3 | 4 |
| 5 | 6 | 7 | 8 | 9 | 10 | 11 |
| 12 | 13 | 14 | 15 | 16 | 17 | 18 |
| 19 | 20 | 21 | 22 | 23 | 24 | 25 |
| 26 | 27 | 28 | 29 | 30 | 31 |   |

## Novembro

| D | S | T | Q | Q | S | S |
|---|---|---|---|---|---|---|
|   |   |   |   |   |   | 1 |
| 2 | 3 | 4 | 5 | 6 | 7 | 8 |
| 9 | 10 | 11 | 12 | 13 | 14 | 15 |
| 16 | 17 | 18 | 19 | 20 | 21 | 22 |
| 23 | 24 | 25 | 26 | 27 | 28 | 29 |
| 30 |   |   |   |   |   |   |

## Dezembro

| D | S | T | Q | Q | S | S |
|---|---|---|---|---|---|---|
|   | 1 | 2 | 3 | 4 | 5 | 6 |
| 7 | 8 | 9 | 10 | 11 | 12 | 13 |
| 14 | 15 | 16 | 17 | 18 | 19 | 20 |
| 21 | 22 | 23 | 24 | 25 | 26 | 27 |
| 28 | 29 | 30 | 31 |   |   |   |

# Feriados Nacionais

| Data | Feriado |
|------|---------|
| 01/01 | Confraternização Universal |
| 03/03 | Carnaval |
| 04/03 | Carnaval |
| 05/03 | Quarta-feira de Cinzas |
| 18/04 | Paixão de Cristo |
| 21/04 | Tiradentes |
| 01/05 | Dia do Trabalho |
| 19/06 | Corpus Christi |
| 07/09 | Independência do Brasil |
| 12/10 | Nossa Sra. Aparecida - Padroeira do Brasil |
| 02/11 | Finados |
| 15/11 | Proclamação da República |
| 25/12 | Natal |

# CARTA DE COMPROMISSO PESSOAL

Eu, _____,
firmo esta Carta de Compromisso Pessoal comigo mesma, de maneira pessoal e sincera, reconhecendo que de agora em diante serei a única pessoa responsável pela minha vida!

Compreendo e aceito o fato de que muitas das situações vividas no dia-a-dia estão fora do meu controle, mas que sobre todas elas tenho sempre a escolha de insistir ou deixá-las ir.

Reconheço que até hoje, por diversas vezes, resisti em admitir que muito sofrimento e dor poderiam ter sido evitadas ou modificadas se eu tivesse a coragem necessária para olhar sinceramente para dentro de mim mesma e encarado minha sombra.

Ainda assim, não me culpo por isso. Sou humana e, por isso mesmo, estou em constante aprendizado e evolução. Dessa maneira, assumo de agora em diante esse compromisso comigo, em nome da minha felicidade.

Desse momento em diante me liberto de todas as cargas negativas do passado e decido conscientemente conhecer melhor a mim mesma e despertar a minha melhor versão.

_____

Eu, no primeiro dia do melhor ano da minha vida.

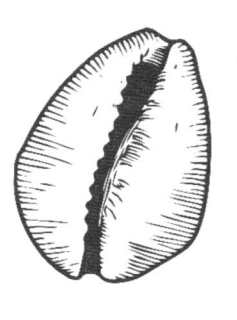
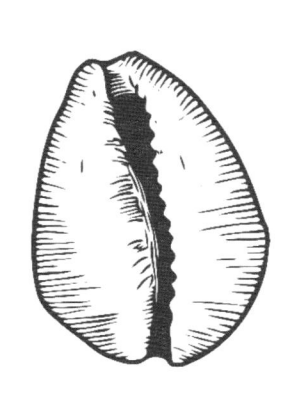

# ODUS

## Os Caminhos do Destino e as Chaves do Eu Interior

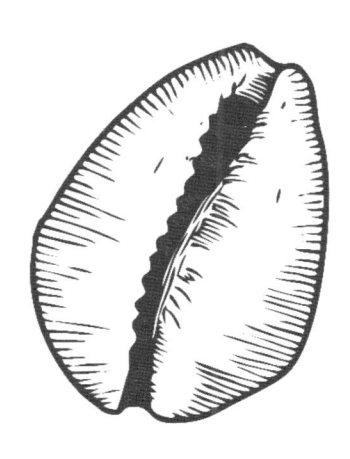

Imagine que você decidiu fazer uma viagem de férias e existem 16 estradas principais para chegar até o destino planejado. Em algumas dessas estradas o sol brilha entre campos verdes; em outras, há chuvas e temporais assustadores. Há também aquelas em que, mesmo com a garoa fina, a paisagem é encantadora e vale a pena se molhar um pouco para apreciá-la.

Agora, imagine também que essas estradas se interligam criando novos caminhos. Ao começar sua viagem você se organiza para seguir determinado trajeto, mas no decorrer do passeio avista uma placa indicando algum ponto turístico que lhe interessa, ou fura um pneu, ou decide pegar um desvio para fazer um lanche. Cada curva dessas estradas, cada mudança de trajeto, lhe traz novas opções de viagem, novas paisagens e novos desafios, e conforme o tempo passa, mesmo que o seu destino final continue o mesmo, você descobre inúmeras experiências e acontecimentos que nunca antes havia pensado, simplesmente porque decidiu mudar o roteiro original da sua viagem.

> Na vida e na forma como vivemos
> a vida os Odus são essas estradas,
> servindo como possíveis caminhos
> para que você desenvolva as suas melhores
> capacidades e experimente
> as dores e as delícias de viver.

Numa outra analogia: é como se cada Odu fosse um leque de possibilidades de vidas, de acontecimentos positivos e negativos, de erros e acertos pelos quais todos poderão passar durante a jornada pela Terra.

Nossa vida é formada por um conjunto desses Odus, por seus cruzamentos e pela combinação dessas possibilidades.

Do ponto de vista espiritualista, os Odus são os signos de Ifá, o Orixá da Sabedoria, identificados e interpretados a partir das posições aberta/fechada das conchas durante a consulta ao *Merindilogun* - o Jogo de Búzios – ou das sementes no *Opelê Ifá* – o oráculo tradicional dos sacerdotes iorubás. É através deles que os Orixás e todas as energias espirituais se comunicam conosco e influenciam o nosso Destino, e pelas quais Exu - o Orixá da Comunicação e do Movimento - recebe nossas oferendas e as leva até os Deuses, trazendo de lá Suas bênçãos.

Os Odus são divididos em dois grupos, totalizando 256 combinações: os 16 principais, chamados *Odu Meji*; e os 240 secundários, chamados *Omo Odu*. Os nomes dos 16 Odus principais são:

- Okaran;
- Ejiokô;
- Etá-Ogunda ou Ogundá;
- Iorossun;
- Oxê;

- Obará;
- Odi;
- Ejiogbê ou Ejionilé;
- Ossá;
- Ofun;
- Owarin;
- Ejilaxeborá;
- Ojiologbon ou Ejiologbon;
- Iká;
- Obeogundá;
- Aláfia.

Cada um dos 256 Odus é representado por inúmeros mitos e lendas próprios que, em suas histórias, trazem conselhos e orientações dos Orixás para as diversas situações da vida religiosa e cotidiana. Pela correta interpretação das mensagens contidas nesses mitos, os sacerdotes identificam as situações que passam na vida de quem os procura e apontam as energias que interferem de maneira positiva ou negativa para isso.

Ao identificarem essas situações, os sacerdotes também diagnosticam a origem desses problemas, indicando as soluções a serem realizadas para cada uma dessas situações. Essas soluções, por sua vez, podem ser atingidas através de uma mudança de atitudes, ou pela correção de algumas escolhas em relação à vida e às pessoas ao seu redor... Podem ser, ainda, que para a solução em questão seja necessária a realização de rituais mágicos e oferendas aos Orixás - chamados comumente pelo nome genérico de *ebós*.

A palavra *ebó*, de origem iorubá, significa alimento, oferenda, e consegue resumir numa única palavra o maior sentido do culto aos Orixás: alimentar o corpo, a mente e o espírito com as diversas forças da natureza. Não é à toa que a base de todas as religiões de matriz africana sejam as oferendas de comidas votivas.

A culinária brasileira – em especial a de origem na Bahia e em todo o nordeste do país -, com origem nas senzalas e nos mercados, representa muito bem essa íntima ligação que os deuses e os seres humanos têm entre si. O professor e pesquisador em antropologia das populações afro-brasileiras e alimentação e cultura Vilson Caetano de Sousa Júnior, no livro "Comida de Santo que se come", descreve essa relação entre a comida e a religião com excelência:

> *"Nas religiões de matriz africana, a comida é entendida como força, dom, energia presente nos grãos, raízes, folhas e frutos que brotam da terra. A comida é a força que alimenta os ancestrais e ao mesmo tempo o meio através do qual a comunidade alcança o mais alto grau de intimidade com o sagrado através da consumação.*
> *[...]*

*Nas cozinhas dos terreiros, grãos, raízes, folhas, frutos, hortaliças, carnes e bebidas recebem tratamento especial, e através das palavras de encantamento transformam-se em verdadeiros corpos ancestrais que devem ser consumidos pelas comunidades.*

*[...]*

*Nas religiões de matriz africana há comidas provenientes dos sacrifícios [animais], chamadas comidas de ejé, e as comidas secas, aquelas feitas à base de cereais, tubérculos, leguminosas, folhas e frutos.".*

Muito mais do que alimentar, a comida aproxima e une a comunidade e lhe reconecta às divindades, que assim como seus devotos, compartilham dela tornando-se, homens e deuses, um só. Eis um dos maiores segredos trazidos pelos negros escravizados ao Brasil e consolidado nas tradições espirituais e cotidianas: o alimento nutre, fortalece, regozija e cura. Curioso observar, inclusive, que para uma oferenda ser aceita, aquele que a oferece deve sempre, necessariamente, comer a primeira parte após entregá-la, em comunhão a Exu, o comunicador divino.

Ainda sobre essa questão, o *babalawo* Adilson Martins (Ifaleke Aráilé Obi), em seu livro "O Jogo de Búzios por Odu" (*Ed. Pallas, 2012*) nos fala um pouco sobre a cultura africana, em que o físico e o espiritual estão sempre interligados:

*"...não cai uma folha de árvore sem que para isso haja uma predeterminação espiritual ou um motivo de fundo religioso.*

*[...]*

*As forças superiores são sempre solicitadas na solução dos problemas do quotidiano e, seja qual for a religião de escolha do indivíduo, a prática da magia é sempre adotada na busca de suas soluções, mesmo que esta prática seja velada ou mascarada com outros nomes."*

É por isso, afinal, que para todo e qualquer problema ou perigo identificado durante a consulta aos Odus, através de seus mitos e significados eles indicarão um ritual mágico – um *ebó* – a fim de que se alcance a solução desejada, como verdadeiros remédios espirituais. Da mesma maneira, para toda situação positiva e satisfatória, a fim de que se mantenham em nossos caminhos, os Odus também indicarão *ebós* que servirão como presente e agrado às divindades, fortalecendo a comunhão entre você e a espiritualidade e, portanto, atraindo e potencializando suas influências em nossas vidas, permitindo que as coisas sigam da forma que desejamos e se multipliquem conforme as indicações contidas naquele Odu.

Um alerta importante, porém, é que assim como todos os Orixás estão relacionados a um ou mais Odus, também todos os *ebós* estão ligados a seus mitos e simbolismos. Por serem remédios espirituais, nenhum *ebó* deve ser realizado sem que, antes, os Odus sejam consultados: como bem disse o médico e físico Paracelso em meados do século XVI, *"a diferença entre o remédio e o veneno é a dose"*.

Pode parecer estranho pensar dessa maneira quando entendemos que os ebós têm, muitas vezes, aspectos positivos e objetivos de potencializar determinada energia ou situação em nossas vidas; entretanto, é preciso lembrar que o princípio básico da existência humana é o equilíbrio!

Como vimos, cada um dos Odus e das centenas de combinações possíveis entre eles traz em si aspectos positivos e negativos e nós, seres humanos, estamos sujeitos aos dois aspectos de cada uma delas. Para os nossos caminhos transcorram em harmonia e possamos evoluir, nosso *Universo Interior* precisa estar em equilíbrio com as influências do *Mundo Exterior*.

É como eu ensino sobre o uso de banhos de ervas no livro "O Poder das Folhas": ao realizar um ritual para a prosperidade, por exemplo, ainda que o objetivo inicial seja atrair recursos financeiros, de nada adiantará utilizar os ingredientes unicamente destinados a esse fim sem que, antes, estejamos energeticamente preparados para saber administrá-los. Assim como unir todos os ingredientes específicos a um objetivo singular pode transformar o ritual numa verdadeira bomba energética, também a atração ou repulsão de determinada energia que não seja exatamente a que se precisa equilibrar pode, ao invés de curar a dor ou potencializar a bênção, realizar o efeito contrário. Nem sempre o que nos falta é o dinheiro: ele chega e vai embora, sem que percebamos onde ou no quê. Nem sempre o que falta é alguém que nos ame: somos amados, mas exigimos tanto sem dar nada em troca que inconscientemente afastamos as pessoas. Nem sempre o que nos afeta é a doença: temos corpo saudável, mas nossas angústias e medos somatizam no físico o que a alma não é capaz de processar.

A chave para a sua revolução pessoal, para verdadeiramente transformar a sua vida, é justamente entender como cada uma das energias de fora pode ser equilibrada com as energias de dentro, seja através do estudo e trabalho consciente sobre os seus Odus de Nascimento, seja através de rituais de magia, seja através de mudanças profundas no seu comportamento.

*As bênçãos dos Orixás vêm a quem se reconhece como um ser único no Universo e tudo no Universo é energia em equilíbrio.*

Com isso, chegou a hora de deixarmos um pouco de lado os fundamentos tradicionais africanos e passarmos a aprender como essas energias e seus significados se relacionam com a construção da nossa identidade e personalidade através da numerologia.

Você sabia que, a partir da sua data de nascimento, os Odus também estão relacionados a todas as áreas da nossa vida – como amor, carreira e desafios do destino -, regendo nossas escolhas e a forma como vivemos? Vou te explicar...

Além de trazerem as mensagens dos Orixás sobre os acontecimentos do cotidiano e as orientações sobre como resolver os problemas que se apresentam em nosso dia-a-dia, fazendo um retrato do *Mundo Exterior* no nosso momento presente e de como as energias dele nos influenciam, os Odus também se relacionam com o momento do nascimento de cada um de nós e determinam características marcantes da nossa personalidade, da maneira como pensamos e sentimos e da forma como nos relacionamos com as pessoas e com o Universo.

São os chamados *Odus de Nascimento*, identificados a partir da somatória dos algarismos que compõe nossa data de nascimento, formando um conjunto inicial de seis energias diferentes, como um *Mapa Astral dos Orixás*. Cada uma dessas energias corresponde a uma área da vida: personalidade, identidade, evolução pessoal, carreira e intelectual, relacionamentos interpessoais e amorosos, desafios do destino e revolução interior.

Cada Odu de Nascimento influencia nossas escolhas e decisões sobre a área da vida que rege durante toda nossa existência e o principal deles – chamado *Odu Ori* – atua como se fosse os signos de um *Horóscopo Africano*.

Ao mesmo tempo, além da energia específica desses Odus sobre a área da vida em questão, cada um deles ainda se relaciona aos Orixás desse caminho e recebe influência desses Orixás sobre os aspectos específicos da regência que está sendo analisada, formando inúmeras variações possíveis entre eles. Assim, duas pessoas com o mesmo Odu regente numa das posições do Mapa serão influenciadas diferentemente pela atuação em conjunto do Odu e dos Orixás que se manifestam nele. E se houvesse uma forma de desvendar a própria alma e conhecer os segredos mais íntimos da sua personalidade?

É exatamente isso que a interpretação dos seus Odus de Nascimento faz! Levando você a um verdadeiro mergulho dentro de si, a interpretação detalhada dos seus Odus de Nascimento permite que você conheça e compreenda sua forma de amar e de se relacionar, de se expressar com as pessoas, de lidar com as emoções e enfrentar os desafios do Destino.

A partir dessas interpretações e com o trabalho consciente sobre as características positivas e negativas que carregam, você se torna capaz de se conhecer melhor e entender a dinâmica que o mundo espiritual tem nas suas escolhas e decisões, passando a tomá-las de maneira mais integral e inteligente. Ao olhar para dentro de si e descobrir o seu *Universo Interior*, você também pode contar com a força e o auxílio dos Orixás para te auxiliar na busca pelo sucesso e pela felicidade, construindo uma jornada de autoconhecimento, descobrimento pessoal e vitórias na sua vida.

Assim como na astrologia e na numerologia tradicionais, diversas interpretações e cruzamentos entre essas energias podem ser identificadas, desde a mais simples – como a leitura individual do Odu Principal da sua regência – até as mais complexas – como as subcombinações entre as seis posições principais do Mapa Astral dos Orixás.

Quanto mais profundo o olhar, mais é possível conhecer a personalidade de cada pessoa e a forma como ela se relaciona com o ambiente ao seu redor e consigo. Já pensou poder entender como as pessoas com quem você convive, o lugar onde mora e a sua história em família interferem e influenciam a sua vida – e como você influencia a vida dessas pessoas?

## Diferenças entre o Jogo de Búzios e os Odus de Nascimento

A primeira lição parece simples e óbvia, mas o grande erro da maioria das pessoas que vêm consultar o Jogo de Búzios comigo é justamente ignorarem ela, olhando apenas para um ou outro lado da moeda...

*Nossa vida e nosso destino são
o resultado de dois grandes grupos
de energias que se combinam
e se complementam:
o Mundo Exterior e o Universo Interior.*

Algumas delas (poucas, na verdade) fazem um trabalho intenso ao olhar para dentro de si e compreender a maneira como lidam com os próprios sentimentos e emoções. Observam os aprendizados do passado para evitar repeti-los, assumem verdadeiramente a responsabilidade sobre suas ações e mudam algumas decisões do presente com base no que encontraram dentro de si mesmas. Assim, começam aos poucos a modelarem os resultados que pretendem obter no futuro próximo a partir dessas mudanças... O problema aí é que acabam extrapolando algumas expectativas e muitas vezes confundindo responsabilidade com culpa, passando a se frustrar por não atingirem determinado objetivo no tempo ou da maneira que desejavam, ou ainda a se punirem inconscientemente por isso.

O outro lado dessa moeda (e que infelizmente é o que a grande maioria das pessoas faz) acontece, justamente, quando elas não olham para dentro de si mesmas – ou pior, olham e acreditam que não há nada a mudar e melhorar! Tão acostumadas a sentirem-se vítimas perseguidas por toda e qualquer coisa no mundo que não sejam elas mesmas, essas pessoas têm o dedo indicador constantemente apontado para fora: *fulano não gosta de mim, por isso não consegui aquele emprego... Beltrano tem inveja de mim, por isso me persegue e convence a todos que sou ruim... Eu só fiz isso porque Ciclano fez aquilo...* Esquecem, porém, que quando um dedo aponta para fora, outros três apontam para dentro, mostrando que em toda e qualquer situação, nós sempre teremos alguma parcela de participação e responsabilidade!

Pare por um instante e responda sinceramente para si mesma:

- Quantas pessoas você conhece que são assim?
- Quantas vezes você já contou essas mesmas mentiras para si?

É claro que existem pessoas ruins e invejosas no mundo! É claro que muitas situações da vida prática vão além do nosso controle direto e acabamos sujeitos às circunstâncias! O ponto chave em qualquer uma dessas situações, de um ou de outro lado da moeda, é compreender que por mais ou menos intenso e consciente que seja o nosso trabalho interior, nenhum de nós é uma ilha. Vivemos em um mundo de energias e assim como somos influenciados por elas e pela interação com as pessoas ao nosso redor, também influenciamos tudo o que nos acontece e quem se aproxima da gente!

A verdade é que absolutamente todas as situações que vivemos no dia-a-dia são fruto e resultado dessas interações, da soma entre as escolhas que fazemos e das escolhas de outras pessoas, sejam estas escolhas positivas ou negativas sobre aquilo que desejamos. Como em uma balança invisível na qual de um lado estão nossas escolhas e energias pessoais e do outro estão as influências do mundo, para alcançarmos o tão desejado equilíbrio que nos guiará ao sucesso e à felicidade precisamos equilibrar seus dois lados... E aí está a grande diferença entre consultar o Jogo de Búzios, ouvindo a voz dos Orixás, e compreender as regências dos seus Odus de Nascimento: um completa, complementa e equilibra o outro!

O seu Mapa Astral dos Orixás é único e não se modifica com o passar do tempo, representando as energias que formam o seu *Universo Interior* e a maneira como você influencia o ambiente ao seu redor. Porém, esse ambiente se modifica a cada momento e, por isso, a consulta ao Jogo de Búzios se modifica também! Ao unir as interpretações do Mapa Astral e do Jogo de Búzios, tornamo-nos capazes de compreender como o momento presente - *Mundo Exterior* - está influenciando os seus caminhos e de que maneira as suas energias pessoais - *Universo Interior* - está influenciando essas situações ao redor.

A primeira vez que eu fiz o meu Mapa Astral dos Orixás pessoal foi incrível: parecia que em poucas palavras a minha vida inteira estava sendo descrita, passo a passo... Mas eu preciso te contar uma coisa: foi quando eu comecei a olhar para os meus Odus de Nascimento a cada seis meses, mais ou menos, que eu fui capaz de realmente entender a influência que cada aspecto da minha personalidade e da minha maneira de agir e reagir em relação ao que me acontecia e perceber o quanto eu tinha mudando. Algumas vezes pra pior, é claro... Mas na maioria das vezes, pra melhor!

Vou te dar um exemplo real e contar resumidamente os meus últimos vinte e poucos anos de vida: desde que eu comecei a minha carreira profissional, aos 16 anos, até mais ou menos os meus 24 anos de idade, sempre trabalhei na área de tecnologia, desenvolvendo softwares e sistemas para a internet. Nessa idade, eu fiz a minha primeira grande transição de carreira e fui deixando os computadores de lado pra me dedicar integralmente aos Orixás, passando a atender centenas de pessoas através do Jogo de Búzios por uns quatro ou cinco anos a partir dali. Já com 29 anos de idade, eu escrevi o meu primeiro livro, chamado "Desvendando Exu" e dali pra frente passei a me dividir entre os atendimentos espirituais, a nova carreira como escritor e o trabalho como editor na Arole Cultural.

Olhando pra essa curta linha do tempo e por mais diferente que as atividades que eu tenha exercido sejam entre si, você consegue perceber como o Odu Iorossun definiu cada uma delas?

No início, pra criar os programas de computador, eu precisei aprender e utilizar da melhor maneira possível as *linguagens de programação*, que são como o idioma que os computadores falam. Depois, como babalorixá nos atendimentos espirituais, eu precisava entender as mensagens dos Orixás e "*traduzi-las*" da melhor maneira possível pra que os consulentes compreendessem os recados, aprimorando a maneira como eu me *comunicava*. Agora, como editor e escritor, preciso mais do que nunca *falar e escrever* de maneira clara e ao mesmo tempo envolvente, pra que você leia com prazer e aprenda cada lição que os livros querem transmitir.

O meu Odu de Nascimento mudou nesses anos todos? Claro que não! Mas as situações ao meu redor, os desafios que vivenciei e as oportunidades que surgiram e que foram sendo aproveitadas se transformavam a cada instante... E a cada uma delas, quando eu sentia que precisava de respostas ou de uma orientação sobre os caminhos a seguir, eu buscava alguém pra consultar o Jogo de Búzios pra mim e passava, então, a tentar entender como os conselhos dos Orixás poderiam se tornar ainda mais positivos se eu os aliasse aos potenciais que os meus Odus de Nascimento já definiam em mim, no meu jeito de ser!

Se você quer realmente transformar a sua vida e despertar a sua melhor versão através dos seus Odus de Nascimento, então precisa entender que a principal mudança começa de dentro. É por isso que a maioria das pessoas continua repetindo as mesmas situações e buscando eternamente uma solução externa para os problemas da vida: querem que tudo mude, menos elas! Querem que a vida se transforme, desde que não precisem sair da zona de conforto em que se colocaram!

Ao perceber como os seus Odus de Nascimento interagem com cada situação específica do Mundo ao seu redor, novas transformações pessoais acontecerão a cada instante, permitindo que você cresça e evolua rumo equilíbrio desejado! E quando isso acontecer, você certamente estará muitos passos adiante nessa jornada que vamos começar agora!

## OS ORIXÁS DE CABEÇA

Um dos principais conceitos da vida em sociedade é o princípio de identificação e pertencimento: desde a infância, quando nascemos e somos cuidados por nossos pais; passando pela escola, quando buscamos o cuidado e atenção daquela professora especial; na adolescência, quando formamos nossos grupos de amizades; até a vida adulta, quando encontramos alguém pra amar... Todo mundo gosta de se sentir protegido, de ser parte de algo, de se reconhecer nas pessoas ao seu redor e sentir que elas também se reconhecem em nós!

Na espiritualidade isso acontece da mesma maneira! Seja qual for a sua religião, todas elas têm uma crença em comum: cada um de nós é uma partícula divina, um pedacinho dos deuses vivendo na Terra e, nas religiões de matriz africana, esse *senso de filiação e pertencimento* está intimamente ligado ao que costumamos chamar de *ancestralidade*: *"eu sou hoje o resultado de todos aqueles que vieram antes de mim"*!

Assim como acontece na vida física desde a infância, quando a nossa identidade e personalidade são formadas por uma combinação de influências dos pais e da família onde nascemos, das pessoas com quem convivemos, da nossa interpretação pessoal sobre essas pessoas e sobre os acontecimentos, também na vida espiritual essa formação acontece pela combinação de uma série de energias, em especial pelas influências dos Odus de Nascimento e da nossa *ancestralidade espiritual*. Por isso, somos considerados *filhos* dos Orixás!

Assim, a pergunta mais comum que as pessoas fazem quando se fala sobre Odus e Jogo de Búzios é *"quem são os meus Orixás?"* – afinal, quem não quer saber quem são seus pais e mães?

Porém, é importante que as lições anteriores tenham ficado claras pra você até aqui, pois elas serão necessárias pra compreender o que eu vou dizer agora (mesmo que muitos autores e sacerdotes digam diferente, aqui eu assumo o risco, pois os que dizem o contrário não sabem o que falam):

## Odu de Nascimento não define os Orixás Pai e Mãe de Cabeça!

Ora! Se na vida física nossa identidade e nossa personalidade são construídas a partir das influências que recebemos de diversas pessoas e situações – dentre elas, nossos pais carnais -, e se os Odus de Nascimento são as regências de como essa mesma identidade e personalidade são definidas no mundo espiritual, como é que pai e mãe seriam determinados por elas? Além disso, aceitar que o Odu de Nascimento defina quem são seus Orixás de Cabeça seria o mesmo que dizer que todas as pessoas do mundo nascidas no mesmo dia que você sejam filhas do mesmo pai e mães espirituais!

Portanto, é fundamental que isso fique muito claro: os Odus de Nascimento e Mapa Astral dos Orixás são *ferramentas de autoconhecimento e desenvolvimento pessoal*. Somente a consulta ao Jogo de Búzios ou ao Opelê Ifá, realizadas por sacerdotes verdadeiramente iniciados nos mistérios dessas tradições, é que poderão identificar quem são os seus Orixás de Cabeça – que, inclusive, podem ser um pai e uma mãe, dois pais ou duas mães: as famílias plurais também existem na espiritualidade!

# Jogo de Búzios: a voz dos Orixás

Os desafios do século XXI fazem a vida parecer cada dia mais acelerada, dando a impressão de que nunca há tempo para cumprir todos os compromissos e, muito menos, planejar e realizar aquilo que verdadeiramente lhe dá prazer, não é mesmo? O mais intrigante, talvez, é que essa rotina alucinada parece se repetir em todas as fases da vida.

Não importa se você tem 20, 30 ou 50 anos... Desde que deixamos a adolescência e assumimos as responsabilidades da vida adulta, parece que nunca mais tivemos a oportunidade de olhar para dentro de nós mesmos, de ouvirmos o nosso coração e cuidarmos do nosso jardim interior com a mesma tranquilidade e, por que não dizer, com a mesma dedicação que nos era possível na juventude.

Eu falo por experiência: comecei a trabalhar formalmente logo que completei 16 anos, como estagiário no departamento de tecnologia do colégio onde cursei o Ensino Médio. Poucos meses antes de completar 18 anos, subi num ônibus carregado de todas as minhas bagagens e deixei uma cidade de 200 mil habitantes rumo à selva de pedra chamada São Paulo, onde passei a morar sozinho (*na verdade, dividia apartamento com amigos, mas vale a história*) e dedicar praticamente todo o meu tempo a construir os primeiros passos da minha carreira na área da informática, aos estudos da faculdade e a conseguir pagar as contas do início da vida adulta. Passo a passo fui conquistando pequenas promoções e posições no mercado de trabalho até que, cinco anos depois e já com uma carreira bem estruturada, surgiram as primeiras grandes exigências e compromissos profissionais, viagens a trabalho e oportunidades de crescimento financeiro efetivo.

Parecia a realização final de um grande sonho e, naquele momento, eu sentia como se tivesse chegado ao topo da grande montanha que me propusera a escalar! Eu me sentia completo, orgulhoso de mim mesmo e merecedor de todas os louros, afinal, havia batalhado incansavelmente desde muitos anos antes para chegar ali!

Mal sabia eu que atingindo aqueles primeiros objetivos, novos e maiores planos surgiriam imediatamente a seguir e, com eles, também novas e ainda maiores exigências. Junto a elas, o sabor da vitória que eu experimentara poucos meses antes começava a perder o gosto e a graça. Nesse momento da vida eu já estava cursando minha segunda faculdade (verdade seja dita: não completei a primeira), tinha deixado o apartamento que dividia com os colegas para morar sozinho de verdade, em outro bairro da cidade, e meu círculo social era completamente diferente daquele de quando cheguei na cidade grande. Ao olhar para o lado, porém, observando a vida, a rotina e as histórias contadas pelos meus amigos e amigas da época, percebi que o mesmo acontecia com todos eles...

Tínhamos grandes sonhos, grandes planos, e cada ano que passava parecia que havia menos tempo para buscá-los. Os dias se preenchiam com a rotina: completar os estudos, estudar ainda mais, criar os filhos, pagar as contas, construir um bom casamento, cuidar da casa... E a cada dia, novas escolhas, novas decisões e novas dúvidas. Bem, acredito que você saiba o que estou querendo dizer, certo?

Em meio a isso tudo, quantas vezes eu - *e você também, admita!* – me senti diante de uma encruzilhada, sem saber que caminho escolher... Quantas vezes olhei para o céu e perguntei em pensamento: *meus deuses, qual é o meu destino?* Quantas vezes, com um nó na garganta, desejei ansioso ouvir uma mera palavra divina que indicasse como seguir em frente e, mesmo com tantos desafios, como encontrar um momento de paz e felicidade duradouro...

*Até que um dia*
*eu finalmente ouvi essa palavra!*

Na primeira vez que busquei uma consulta ao Jogo de Búzios, pude sentir nitidamente a presença dos Orixás. Era como ouvi-los ao meu lado, falando ao meu coração tudo o que deveria ser feito dali por diante. Eles me chamavam, falavam comigo e para mim, me orientavam sobre os *se* e sobre os *senões* para que eu pudesse, finalmente, escolher o melhor caminho a seguir sem estar à mercê dos acontecimentos. Eles me ensinavam a me tornar uma pessoa melhor diariamente e, quando as dores e os perigos do mundo se aproximavam, me estendiam a mão e realizavam sua magia para me proteger.

Ao ouvir a voz dos Orixás pela primeira vez eu compreendi que tinha uma missão de vida e que a partir dali deveria transformar essa missão em propósito: levar a palavra dos Orixás a todas as pessoas que assim desejassem, buscassem e estivessem dispostas a ouvi-la. Por tudo isso, eu me tornei Babalorixá e dediquei a minha vida dali pra frente a estudar e compreender como essa *voz* se fazia ouvida e *quais mensagens ela transmitia*.

## O QUE É O JOGO DE BÚZIOS?

O Jogo de Búzios é a fala dos Orixás, através dos quais, com a devida interpretação dos Odus a que esses Orixás se relacionam e das combinações entre eles o sacerdote interpreta a mensagem das divindades, seja ela de bênção ou de perigo. É também através dessas interpretações que poderão ser identificados qual o seu Orixás "de cabeça", quais os demais Orixás que abençoam a sua espiritualidade e quais as energias do universo estão interferindo de maneira positiva ou negativa para que você possa atingir os seus desejos e objetivos.

A consulta ao Jogo de Búzios revela os seus desejos, os seus sonhos e objetivos, as perspectivas para o seu futuro, as maneiras de seguir trilhando um caminho de vitórias ou os motivos pelos quais você ainda não chegou aonde gostaria – sejam eles motivos de sua responsabilidade, pelos quais o sacerdote deverá lhe orientar quanto a mudanças de comportamento ou decisões, sejam eles por influências exteriores. Nesses casos, especialmente, a partir de suas interpretações também se identificarão as formas de corrigir os problemas e de potencializar as soluções frente e todo o tipo de males do corpo e da alma através dos *ebós*: saúde, carreira e trabalho, evolução pessoal e desafios, amor e relacionamentos e muitas outras questões. Mais que isso, é preciso compreender que:

> O Jogo de Búzios trata das energias e influências exteriores que <u>neste momento da sua vida</u> estão influenciando seu caminho, como um retrato do mundo ao seu redor e das maneiras como ele lhe afeta.

Pode parecer apenas uma questão semântica, mas é importante que isso fique claro: o *futuro* como costumamos pensá-lo, no sentido de fatos que ainda não ocorreram e que estão pré-determinados a surgirem nos nossos caminhos por determinação de alguma força sobrenatural, não existe! Somos seres livres e pensantes, dotados de capacidade analítica e do poder de tomar decisões – ainda que, muitas vezes, decidamos não tomar nenhuma e deixar que as situações transcorram conforme as vontades alheias.

Talvez eu esteja correndo um grande risco falando isso assim, abertamente, mas a verdade é essa: nenhum oráculo e nenhum sacerdote que siga os fundamentos corretos de sua tradição religiosa - qualquer que seja ela – tem o dom de prever o *futuro*. Assim como ninguém vai ao médico e passa por procedimentos para tratar males do corpo que ainda não existem, ninguém vai aos Orixás afastar aquilo que ainda não se aproximou ou modificar aquilo que ainda não se conhece ou que ainda não aconteceu.

> Entende a importância de assumir a sua vida e decidir, consciente e verdadeiramente, a responsabilidade pelo seu presente?

Nesse sentido, a consulta aos Odus desvenda o seu presente, identifica quais são as energias que influenciam o seu momento presente, compreende os motivos do passado que deram origem a isso e, através da sabedoria de Orunmilá - o Orixá do Conhecimento – informa quais serão os resultados das escolhas e atitudes de agora no porvir, *caso você não mude, caso não tome uma atitude frente a essas "previsões"*. Lembra da história que contei sobre a moça perseguida no trabalho, que anos depois enfrentava os mesmos problemas? Presente desvendado, origens no passado identificadas e possíveis soluções indicadas – dentre elas, a troca de emprego. Houve mudança? Não! Houve a escolha por não mudar? Consciente ou inconscientemente, houve, e com isso as "previsões" não se cumpriram!

Uma vez que tenhamos compreendido isso, passaremos a compreender a verdadeira magia dos Orixás, a multiplicação das bênçãos através da dinâmica da *dádiva*, conceito elaborado pelo sociólogo e antropólogo francês Marcel Mauss (1872-1950). Sobre isso, transcrevo a seguir um trecho do livro *"O Segredo das Folhas: Magia Prática para o Dia-a-Dia"*, o volume três da *Trilogia As Folhas Sagradas*:

> *De maneira simplificada, o pesquisador afirma que todas as relações humanas, físicas ou simbólicas, estão baseadas na dinâmica da dádiva: dar, receber e retribuir. No artigo "A sociologia de Marcel Mauss: Dádiva, simbolismo e associação", publicado na Revista Crítica de Ciências Sociais, que discorre sobre as implicações sociais e políticas da teoria de Marcell Mauss, o autor diz:*
>> *"A dádiva está presente em todas as partes e não diz respeito apenas a momentos isolados e descontínuos da realidade. O que circula tem vários nomes: chama-se dinheiro, carro, móveis, roupas, mas também sorrisos, gentilezas, palavras,*

*hospitalidades, presentes, serviços gratuitos, dentre muitos outros.*

*[...] diferentemente dos demais animais, o humano se caracteriza pela presença da vontade, da pressão da consciência de uns sobre outros, das comunicações de ideias, da linguagem, das artes plásticas e estéticas, dos agrupamentos e religiões, em uma palavra, complementa, das 'instituições que são o traço da nossa vida em comum'"*

*Ainda que a teoria de Mauss trate das questões de ordem prática nas relações entre as sociedades humanas, a partir de seu conceito de dádiva é possível perceber a dinâmica das energias da qual falamos: se eu dou de maneira negativa, recebo também negativamente e retribuo por igual; ao passo que se dou de maneira positiva, recebo positivismo e, portanto, retribuo positivamente. Uma vez que tudo isso já acontece de forma automática, imagine os resultados fantásticos que poderíamos alcançar usando essa mesma dinâmica de maneira consciente!*

*Nas religiões de matriz africana essa prática é levada ainda mais além: quem acredita na força e no poder dos Orixás vivencia a dádiva quase que diariamente, mesmo quando não tem consciência disso. Ao realizarmos nossas oferendas em agradecimento pelas bênçãos recebidas, ao acendermos uma vela para fortalecer as intenções dos nossos pedidos, ao louvarmos nossos Orixás através dos cantos e das danças rituais... Enfim, todo e qualquer ato dedicado aos Orixás é uma dádiva que, pelo caráter espiritual da prática religiosa, ganha dois novos componentes: a magia e o propósito.*

*[...]*

*Dessa maneira, podemos afirmar que todo e qualquer ato de devoção ou ritual realizado aos Orixás é, em si, um ato de magia – afinal, cremos que a força e o poder dos Orixás são capazes de produzir efeitos inexplicáveis em nossas vidas. Ao mesmo tempo, um ato de magia é sempre guiado por uma motivação, por um objetivo: quem faz um pedido, pede alguma coisa; quem faz um agradecimento, agradece por algum resultado. Logo, a prática da espiritualidade está baseada, justamente, na união desses três aspectos: consciência – eu sei o que estou fazendo e faço por vontade própria; magia – eu busco a intervenção divina para transformar as energias dos elementos rituais em resultados sobrenaturais; e propósito – eu tenho um objetivo específico para aquilo que faço.*

*Para que possamos seguir adiante, porém, é preciso lembrarmo-nos de um fator fundamental: nenhum destes três aspectos nos isenta de assumir a responsabilidade por aquilo que estamos buscando, por aquilo que estamos fazendo desde agora até a obtenção do resultado desejado e, principalmente, por aquilo que faremos após conquistarmos nossos desejos ou alcançarmos nosso propósito. Dar, receber e retribuir é um processo cíclico e contínuo, que cresce e expande conforme o praticamos e que, portanto, não deve ser quebrado por aqueles que buscam verdadeiramente viver em harmonia, em felicidade e em prosperidade, deixando de ser apenas imagem e semelhança para, de fato, tornar-se partícula divina.*

É por encarar o passado, o presente e o futuro dessa maneira que, diferente de outros oráculos, na consulta ao Jogo de Búzios você não precisa fazer qualquer pergunta: Orunmilá, junto a Exu, sabe exatamente aquilo que se passa no seu coração e nos seus caminhos e por isso as mensagens sagradas são decifradas sem que se diga nada. Ainda assim, é claro, como uma ferramenta profunda e poderosa de orientação e aconselhamento pessoal, durante uma consulta ao Jogo de Búzios você poderá fazer as perguntas que desejar sobre quaisquer assuntos e áreas da sua vida, pois Exu é a força que revela os mistérios do Universo.

## AGENDE A SUA CONSULTA AO JOGO DE BÚZIOS

Se você também deseja ouvir a voz dos Orixás e as orientações que eles têm para a sua vida e o seu destino, que tal agendar sua consulta ao Jogo de Búzios? Os atendimentos podem ser presenciais, em Mairiporã/SP, ou à distância, onde quer que você esteja! Para reservar o seu horário aponte a câmera do seu celular para o QR-Code ao lado ou acesse o site

## www.diegodeoxossi.com.br/previsoes

# As Fases da Lua na Magia

Você já reparou quantas vezes, desde pequenos, olhamos para o céu e admiramos a Lua em suas diversas fases? Crescente, Cheia, Minguante ou Nova... A Lua e seus ciclos sempre serviram de referência para guiar nossos passos e muitas vezes nos auxiliar a tomar decisões. Quem nunca se perguntou qual a melhor fase da Lua para essa ou aquela decisão do dia-a-dia como cortar o cabelo ou plantar um novo vaso de poder? Se a Lua é importante para o cotidiano, imagine o tamanho de sua importância para a magia!

Desde os tempos antigos as fases da Lua vêm influenciando a vida e os rituais humanos - sejam eles mágicos ou cotidianos. Não é à toa que muitas pessoas se utilizam do calendário lunar para tomar decisões importantes em suas vidas: os pescadores e camponeses, por exemplo, não conheciam as influências mágicas das fases da Lua, mas sempre souberam qual o melhor período para uma ou outra atividade no campo e nas águas. Da mesma forma, o aumento do número de parturientes durante a Lua Cheia, por exemplo, é também muito conhecido. A propósito, a Lua exerce uma influência especial sobre as mulheres e suas regras mensais. Por esse motivo, ela é considerada uma divindade em diversas tradições mágicas - as diversas faces do Sagrado Feminino: a donzela, a mãe, a anciã e a guerreira se refletem e personificam a cada ciclo lunar.

Na Magia Cigana, na Umbanda, no Candomblé e na magia com as folhas sagradas não é diferente: a influência da Lua é muitas vezes considerada para determinar o melhor momento para se realizar esse ou aquele tipo de ritual, banho ou defumação, dependendo dos objetivos que queremos atingir. Para rituais de louvação a *Ori*, por exemplo, nosso Orixá Individual, ou em ebós e rituais que busquem a prosperidade e a abertura de caminhos, é fundamental considerar a maneira como a Lua se posiciona no céu.

Então... Quais são as potências e objetivos que devem ser trabalhados em cada uma delas?

## LUA CRESCENTE

Crescente é a fase em que a Lua sai da escuridão e começa a renascer, iluminando o céu. Por isso, é propícia aos rituais de potencialização, multiplicação e atração. Rituais que tenham por objetivo aumentar o que se deseja, o nascimento de crianças, nutrição das amizades e dos relacionamentos, amor, sensualidade e sentimentos, harmonização das situações e dos ambientes, boa sorte, negócios e prosperidade devem ser realizados durante esse período.

## LUA CHEIA

Cheia é a fase em que a Lua está mais visível e brilhante, reinando plena no céu. É nesse período que as energias espirituais atingem seu ápice e se consolidam, vibrando mais forte. Por isso, é propícia aos rituais de fortalecimento, preenchimento, fertilidade, virilidade e sexualidade, comunicação, brilho, sucesso e visibilidade, assinatura de contratos e parcerias, felicidade, coragem e fortaleza, conquista e domínio, definição de situações amorosas e casamentos.

## LUA MINGUANTE

Minguante é a fase em que a Lua vai diminuindo o brilho até desaparecer, morrendo por alguns dias. É o momento propício para o encerramento de tudo o que não é mais necessário ou desejado, o banimento de energias negativas, libertação e finalização, reversão de situações indesejadas, cura (*no sentido de eliminar a doença*), morte e ressureição simbólicas, maturidade e sabedoria ancestral, venda de imóveis e quebra de feitiços maléficos.

## LUA NOVA

Nova é a fase em que a Lua não está visível no céu, preparando-se para renascer em seu novo ciclo. Por isso, é um período de instabilidade energética, repleto de mistérios e inseguranças, de morte e escuridão, de reclusão, sendo propício, porém, para a meditação e o autoconhecimento.

# LUA FORA DE CURSO

Além das fases Crescente, Cheia, Minguante e Nova, a Lua ainda passa por uma quinta fase perigosíssima, que pode acontecer a qualquer momento e anular todos os seus objetivos mágicos? Vou te explicar mais sobre esse assunto delicado e complexo...

Tem dias que tudo o que precisamos - ou, pelo menos, tudo o que gostaríamos - é parar, não é mesmo? Desligar o celular, sair do Facebook e do Instagram, esquecer os e-mails e olhar pra dentro de nós mesmos... Ficar um tempo a mais na cama, ou talvez se esticar um pouco no sofá, como se não houvesse preocupações e compromissos lá fora. Um momento para recarregar as energias, para não pensar em nada e, ao mesmo tempo, recriar os planos e projetos que serão realizados nos dias seguintes. Na magia esse momento também existe!

Independente da fase em que se encontre, algumas vezes a Luz deixa de vibrar energeticamente, tirando um momento para se realinhar consigo mesma e nos convidando a fazer o mesmo. A Lua Vazia, também chamada Lua Fora de Curso, acontece a cada dois ou três dias, sempre que a Lua completa seu último aspecto em qualquer um dos signos do zodíaco até o momento em que ela ingressa no signo seguinte. Esse período pode durar alguns minutos ou até mesmo horas e, durante elas, os trabalhos mágicos e rituais devem ser totalmente evitados, sob risco de terem seus objetivos anulados. Tudo o que é iniciado tende a ser incerto e imprevisível, estando sujeito a erros e frustrações.

O primeiro astrólogo a popularizar a Lua Vazia foi o americano Al Morrison e observou que "*todas as ações empreendidas enquanto a Lua está fora de curso por alguma razão sempre falham em seus resultados planejados ou pretendidos*". É um período de recolhimento espiritual e energético, que devemos utilizar para a observação de si mesmo e o planejamento dos novos objetivos. Nas palavras do astrólogo brasileiro Oscar Quiroga:

> "*A agenda cultural que rege nossos dias não respeita esse ritmo, pretende que sejamos produtivos sempre que despertos, mas essa é uma aberração, ninguém suporta ser produtivo o tempo inteiro durante a vigília. Os períodos de Lua Vazia são os momentos astrológicos em que a subjetividade reina e, por isso, nós adquirimos licença cósmica para nos dedicar à sagrada arte da despreocupação.*"

Durante os períodos de Lua Vazia as pessoas em geral tendem a parecerem "desligadas" da realidade, como se fossem puxadas para dentro de si mesmas, tornando-se pouco objetivas e dificultando o discernimento e a lucidez para tomar decisões. Por esse motivo, deve-se evitar a realização de toda ação importante e decisiva para sua vida e seus caminhos, como por exemplo:

- Iniciar relacionamentos;
- Assinar contratos;
- Adquirir ou vender bens como carros, imóveis, roupas etc.;
- Lançar novos negócios e/ou empreendimentos;
- Estrear shows, peças, exposições etc.;
- Participar de entrevistas de emprego;
- Iniciar uma nova carreira;
- Realizar cirurgias ou intervenções médicas (exceto as de emergência);
- Realizar longas viagens;
- Ter conversas para resolver problemas afetivos ou de relacionamento;
- Experimentar novos processos e/ou procedimentos em qualquer área;
- Realizar provas, testes ou exames de qualificação;
- Formalizar e/ou contratar negócios de médio e longo prazo.

Ainda assim, os períodos de Lua Vazia têm suas vantagens, já que nos conectam de forma especial ao nosso eu interior. Com isso, esses momentos são propícios para o ócio criativo, para a continuidade daquilo que já está em andamento, para o relaxamento do corpo e da alma e para a meditação e reflexão. Em poucas palavras, as Luas Vazias favorecem as questões subjetivas da alma em detrimento das questões objetivas da matéria.

Observar esse aspecto na hora de realizar os seus rituais, banhos e defumações com as folhas sagradas pode servir como um excelente guia para fortalecer seus propósitos mágicos e a maneira com que o Universo age e responde sobre seus desejos.

Para acompanhar as datas e horários de Luas Vazias em 2023 é fácil! Usando o leitor de QR-Code do seu tablet ou celular, acesse o site com código ao lado ou digite o endereço do link a seguir no seu navegador de internet e confira o calendário completo no blog!

www.diegodeoxossi.com.br/lua-vazia

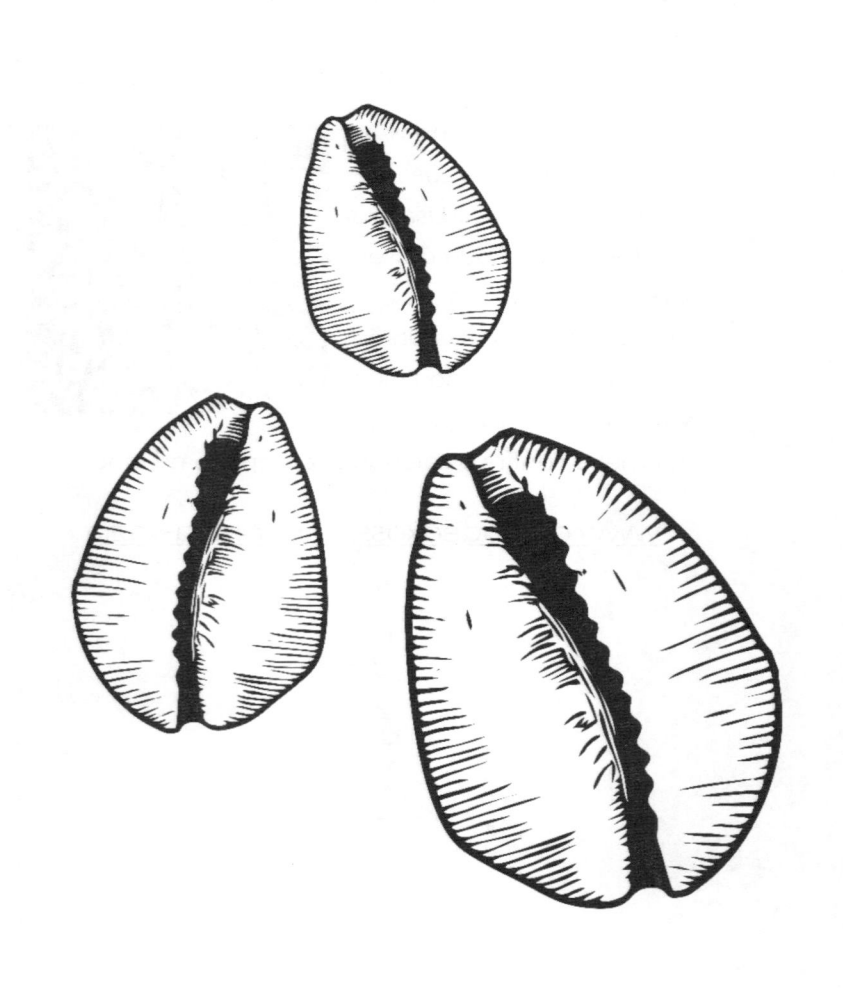

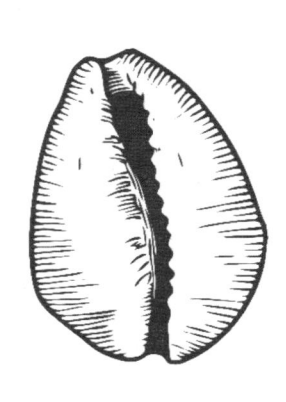
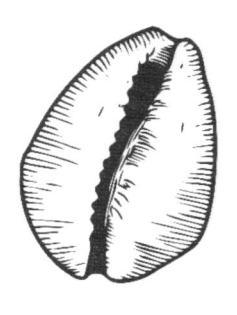

# UM PRESENTE
# PRA VOCÊ

COMO ACESSAR O SEU
MAPA ASTRAL DOS ORIXÁS
COMPLETO

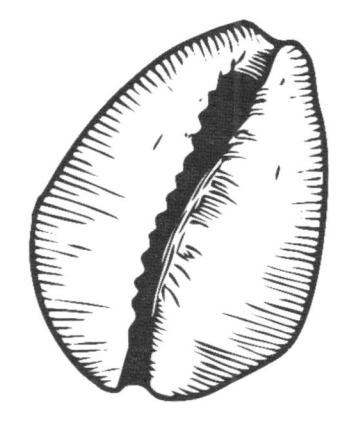

Estamos chegando ao início da nossa jornada neste ano e como agradecimento pela sua companhia quero te dar um presente especial: **o seu Mapa Astral dos Orixás completo!**

1) Acesse a *"Área do Cliente"* no site *www.arolecultural.com.br* e faça seu cadastro utilizando o cupom promocional abaixo e o código de barras que aparece na contracapa da sua agenda.

   *ATENÇÃO: se você já tiver cadastro, faça o login na Área do Cliente e ative seu presente no menu "Cadastrar Cupom Bônus".*

2) Depois de cadastrar seu cupom e fazer o seu login, acesse o menu *"Meus Conteúdos > Mapa Astral dos Orixás".*

3) Clique no botão indicado para confirmar os dados da pessoa para quem deve ser feito o mapa e pronto! Você receberá o link de acesso por e-mail!

2024-089140

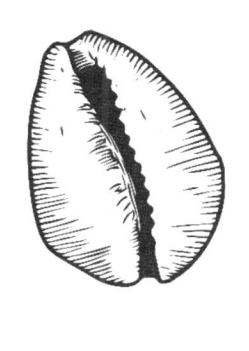
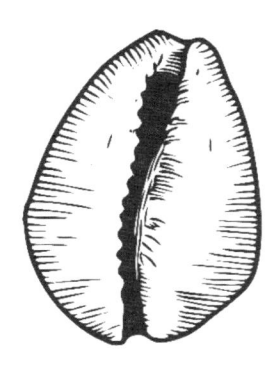

# JANEIRO

## ODU DO MÊS: OSSÁ

Fogo e paixão correndo nas veias

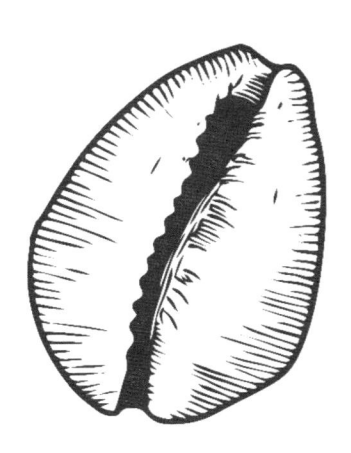

# Previsões para Janeiro

A regência do **Odu Ossá** chega trazendo a energia das ventanias que alimenta o fogo dos nossos sentimentos e impulsos quase incontroláveis. Prepare-se para um **período de intensidade e agitação, onde a urgência de fazer escolhas se fará presente**, oportunidades pelas quais você batalhou arduamente estarão ao seu alcance.

**Conflitos e tensões emergirão, ressuscitando questões do passado** que você pensava já resolvidas, e suas emoções estarão à flor da pele. O **Odu Ossá** também despertará paixões românticas e simbólicas, levando a extremos, tanto para o bem quanto para o mal. É crucial buscar harmonia, alinhando-se com o Universo, evitando incêndios emocionais que você mesma teria que apagar.

Seus pensamentos e humores estarão confusos, tornando você mais irritadiça e ansiosa do que o habitual. **Faça meditação e técnicas de relaxamento para equilibrar suas emoções**. Nesse mês, o **Odu Ossá** também pode intensificar perseguições, fúria e ciúmes em suas relações. No entanto, o amor e a sedução terão grande destaque. Se você for solteira, há boas chances de uma amizade se tornar um romance; se já estiver em um relacionamento, **aproveite esse momento para fortalecer sua união com gestos de carinho**, contando com a ajuda dos Orixás e rituais especiais.

Uma quarta-feira de lua crescente pode ser perfeita para acender varetas do **Incenso Amor e Sedução** da **Casa Arole** e experimentar banhos atrativos com o **Bálsamo da Sedução** ou outras receitas presentes na trilogia de livros **As Folhas Sagradas**. Esteja pronta para abraçar a intensidade deste período, equilibrando-se emocionalmente e fortalecendo seus laços afetivos. Lembre-se, você tem o poder de moldar a energia ao seu redor.

**Janeiro**

*Odu Ofun* NO ASPECTO *positivo*

ORIXÁ REGENTE: *Oxalufã*

O LUA CHEIA

# 01

## SEGUNDA

Confraternização Universal

07h _____

08h _____

09h _____

10h _____

11h _____

12h _____

13h _____

14h _____

15h _____

Agradeça e siga em frente! Oxalufã abrirá os seus caminhos para a vitória!

16h _____

17h _____

18h _____

ODU DO DIA *Ofun*

19h _____

20h _____

21h _____

ACESSE AS PREVISÕES DE HOJE

ANOTAÇÕES:

# 02

**TERÇA**

*Janeiro*

*Meu maior desejo? Que Iansã lhe faça capaz de agir e mudar o seu destino!*

ODU DO DIA
*Owarín*

ACESSE AS
PREVISÕES
DE HOJE

07h

08h

09h

10h

11h

12h

13h

14h

15h

16h

17h

18h

19h

20h

21h

ANOTAÇÕES:

**Janeiro**

*Odu Ejilaxeborá* NO ASPECTO *positivo*

ORIXÁ REGENTE: *Xangô*

O LUA CHEIA

# 03
## QUARTA

07h _____

08h _____

09h _____

10h _____

11h _____

12h _____

13h _____

14h _____

15h _____

16h _____

17h _____

18h _____

19h _____

20h _____

21h _____

É nos pequenos sinais do universo que Xangô se manifesta, permita-se enxergá-los!

ODU DO DIA *Ejilaxeborá*

ACESSE AS PREVISÕES DE HOJE

ANOTAÇÕES:

# 04

**QUINTA**

*De agora em diante e por todo o sempre, que Nanã lhe dê força e coragem para vencer!*

ODU DO DIA
**Ojíologbon**

ACESSE AS
PREVISÕES
DE HOJE

07h

08h

09h

10h

11h

12h

13h

14h

15h

16h

17h

18h

19h

20h

21h

ANOTAÇÕES:

**Janeiro**

*Odu Iká* NO ASPECTO *negativo*

ORIXÁ REGENTE: *Iyewá*

☽ LUA MINGUANTE

*Lua Vazia: 05/01 08:40h até 05/01 09:39h*

# 05
## SEXTA

07h _____

08h _____

09h _____

10h _____

11h _____

12h _____

13h _____

14h _____

15h _____

16h _____

17h _____

18h _____

19h _____

20h _____

21h _____

*Enquanto há esperança, há um caminho! Que Iyewá lhe dê felicidade!*

ODU DO DIA *Iká*

ACESSE AS PREVISÕES DE HOJE

ANOTAÇÕES:

# 06

Dia da Gratidão

*Odu Obeegundá* NO ASPECTO *negativo*

ORIXÁ REGENTE: *Obá*

☽ LUA MINGUANTE

*Janeiro*

Obá já determinou e hoje é o seu dia de vencer! Confie: a felicidade chegando!

ODU DO DIA

*Obeegundá*

ACESSE AS
PREVISÕES
DE HOJE

07h

08h

09h

10h

11h

12h

13h

14h

15h

16h

17h

18h

19h

20h

21h

ANOTAÇÕES:

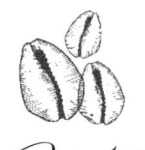

**Janeiro**

*Odu Aláfia* NO ASPECTO *negativo*

ORIXÁ REGENTE: *Orunmilá*

☽ LUA MINGUANTE
*Lua Vazia: 07/01 17:21h até 07/01 18:06h*

# 07

## DOMINGO
Dia do Leitor

07h

08h

09h

10h

11h

12h

13h

14h

15h

16h

17h

18h

19h

20h

21h

Não há caminhos fechados para quem confia em Orunmilá com fé e coragem!

ODU DO DIA **Aláfia**

ACESSE AS PREVISÕES DE HOJE

ANOTAÇÕES:

# 08

**SEGUNDA**

Bons caminhos, boas conquistas e boas companhias: é Oxoguiã quem lhe protege!

ODU DO DIA

**Ejionilé**

ACESSE AS
PREVISÕES
DE HOJE

07h

08h

09h

10h

11h

12h

13h

14h

15h

16h

17h

18h

19h

20h

21h

ANOTAÇÕES:

*Janeiro*

*Odu Ossá* NO ASPECTO *negativo*

ORIXÁ REGENTE: *Obá*

☽ LUA MINGUANTE
*Lua Vazia: 09/01 15:24h até 09/01 22:33h*

# 09
## TERÇA

07h

08h

09h

10h

11h

12h

13h

14h

15h

16h

17h

18h

19h

20h

21h

ANOTAÇÕES:

*Por hoje e pelos dias que virão, que Obá lhe acolha em seus braços e abençoe seu dia.*

ODU DO DIA *Ossá*

ACESSE AS
PREVISÕES
DE HOJE

# 10

**QUARTA**

*Janeiro*

Pelo dia de hoje, que Exu lhe provoque... e que Oxalufã lhe abençoe!

ODU DO DIA

*Ofun*

ACESSE AS
PREVISÕES
DE HOJE

07h

08h

09h

10h

11h

12h

13h

14h

15h

16h

17h

18h

19h

20h

21h

ANOTAÇÕES:

# Janeiro

**Odu Owarin** NO ASPECTO *negativo*

ORIXÁ REGENTE: *Iansã*

● LUA NOVA

*Lua Vazia: 11/01 23:33h até 12/01 00:01h*

# 11
## QUINTA

07h _____

08h _____

09h _____

10h _____

11h _____

12h _____

13h _____

14h _____

15h _____

*Acredite na força que há dentro de você! Iansã está no comando do seu destino!*

16h _____

17h _____

18h _____

ODU DO DIA
*Owarin*

19h _____

20h _____

21h _____

ACESSE AS
PREVISÕES
DE HOJE

ANOTAÇÕES:

# 12

**SEXTA**

*Janeiro*

Ouça sua intuição: ela é o poder de Xangô que vive dentro de você!

ODU DO DIA

*Ejilaxeborá*

ACESSE AS
PREVISÕES
DE HOJE

| | 07h |
| --- | --- |
| | 08h |
| | 09h |
| | 10h |
| | 11h |
| | 12h |
| | 13h |
| | 14h |
| | 15h |
| | 16h |
| | 17h |
| | 18h |
| | 19h |
| | 20h |
| | 21h |

ANOTAÇÕES:

**Janeiro**

*Odu Ojíologbon* NO ASPECTO *negativo*

ORIXÁ REGENTE: *Nanã*

● LUA NOVA
*Lua Vazia: 13/01 06:58h até 14/01 00:28h*

# 13
## SÁBADO

07h _____

08h _____

09h _____

10h _____

11h _____

12h _____

13h _____

14h _____

15h _____

16h _____

17h _____

18h _____

19h _____

20h _____

21h _____

ANOTAÇÕES:

*Acalme seu coração e receba as bençãos de Nanã... Um novo dia vai raiar!*

ODU DO DIA
*Ojíologbon*

ACESSE AS
PREVISÕES
DE HOJE

# 14

**DOMINGO**

*Odu Iká* NO ASPECTO *negativo*

ORIXÁ REGENTE: *Iyewá*

● LUA NOVA

*Lua Vazia: 13/01 06:58h até 14/01 00:28h*

*Janeiro*

Erga a cabeça e siga em frente!
No dia de hoje, é Iyewá quem lhe guia!

ODU DO DIA

*Iká*

ACESSE AS
PREVISÕES
DE HOJE

07h

08h

09h

10h

11h

12h

13h

14h

15h

16h

17h

18h

19h

20h

21h

ANOTAÇÕES:

# 15

**SEGUNDA**

*Odu Obecgundá* NO ASPECTO *negativo*

ORIXÁ REGENTE: *Obá*

● LUA NOVA

*Janeiro*

07h _____

08h _____

09h _____

10h _____

11h _____

12h _____

13h _____

14h _____

15h _____

16h _____

17h _____

18h _____

19h _____

20h _____

21h _____

*Apesar das intempéries, que Obá multiplique suas boas ações!*

ODU DO DIA *Obecgundá*

ACESSE AS PREVISÕES DE HOJE

ANOTAÇÕES:

# 16

**TERÇA**

Abra os olhos e permita-se enxergar as belezas que Orunmilá preparou para você!

ODU DO DIA **Aláfia**

ACESSE AS
PREVISÕES
DE HOJE

07h

08h

09h

10h

11h

12h

13h

14h

15h

16h

17h

18h

19h

20h

21h

ANOTAÇÕES:

*Odu Ejiogbê* NO ASPECTO *positivo*

ORIXÁ REGENTE: *Xangô Airá*

● LUA NOVA

*Janeiro*

# 17
## QUARTA

07h

08h

09h

10h

11h

12h

13h

14h

15h

16h

17h

18h

19h

20h

21h

*Nas encruzilhadas da vida, que Exu guie os seus passos e abençoe o seu caminho!*

ODU DO DIA

*Ejiogbê*

ACESSE AS PREVISÕES DE HOJE

ANOTAÇÕES:

# 18
## QUINTA

*Janeiro*

Acredite: Iansã lhe dará a sabedoria necessária para evoluir e vencer!

ODU DO DIA
*Ossá*

ACESSE AS PREVISÕES DE HOJE

07h

08h

09h

10h

11h

12h

13h

14h

15h

16h

17h

18h

19h

20h

21h

ANOTAÇÕES:

**Odu Ofun** NO ASPECTO *positivo*

<u>Orixá Regente:</u> *Oxalufã*

☾ Lua Crescente

**Janeiro**

# 19
## SEXTA

07h

08h

09h

10h

11h

12h

13h

14h

15h

*Um novo sol raiou... Que Oxalufã abençoe e proteja o seu dia!*

16h

17h

18h

ODU DO DIA *Ofun*

19h

20h

21h

ACESSE AS PREVISÕES DE HOJE

ANOTAÇÕES:

# 20

**SÁBADO**

*Odu Owarín* NO ASPECTO *positivo*

ORIXÁ REGENTE: *Iansã*

☾ LUA CRESCENTE

Dia de São Sebastião / Dia dos Caboclos / Dia de Oxóssi

*Janeiro*

Avante! Iansã vai lhe guiar no caminho da verdade e da felicidade!

ODU DO DIA *Owarín*

ACESSE AS
PREVISÕES
DE HOJE

07h

08h

09h

10h

11h

12h

13h

14h

15h

16h

17h

18h

19h

20h

21h

ANOTAÇÕES:

*Odu Ejilaxeborá* NO ASPECTO *positivo*

ORIXÁ REGENTE: *Xangô*

☾ LUA CRESCENTE

# 21

## DOMINGO
Dia Mundial das Religiões

07h

08h

09h

10h

11h

12h

13h

14h

15h

16h

17h

18h

19h

20h

21h

Que tal começar o dia sorrindo? Deixe a força de Xangô lhe inspirar e guiar o seu destino!

ODU DO DIA
*Ejilaxeborá*

ACESSE AS
PREVISÕES
DE HOJE

ANOTAÇÕES:

# 22

**SEGUNDA**

*Odu Ojiologbon* NO ASPECTO *positivo*

ORIXÁ REGENTE: *Nanã*

☾ LUA CRESCENTE
*Lua Vazia: 22/01 17:39h até 22/01 18:50h*

*Janeiro*

*Por todo o dia e nos próximos que virão, agradeça a Nanã pelas vitórias da vida!*

ODU DO DIA
*Ojiologbon*

ACESSE AS
PREVISÕES
DE HOJE

| | |
|---|---|
| | 07h |
| | 08h |
| | 09h |
| | 10h |
| | 11h |
| | 12h |
| | 13h |
| | 14h |
| | 15h |
| | 16h |
| | 17h |
| | 18h |
| | 19h |
| | 20h |
| | 21h |

ANOTAÇÕES:

**Janeiro**

*Odu Iká* NO ASPECTO *positivo*

<u>ORIXÁ REGENTE:</u> *Iyewá*

☽ LUA CRESCENTE

# 23

## TERÇA

07h _____

08h _____

09h _____

10h _____

11h _____

12h _____

13h _____

14h _____

15h _____

16h _____

17h _____

18h _____

19h _____

20h _____

21h _____

*Que Iyewá lhe permita seguir em frente, pois a felicidade está chegando!*

ODU DO DIA *Iká*

ACESSE AS PREVISÕES DE HOJE

ANOTAÇÕES:

# 24

**QUARTA**

*Odu Obeogundá* NO ASPECTO *negativo*

ORIXÁ REGENTE: *Obá*

☽ LUA CRESCENTE

*Lua Vazia: 24/01 19:58h até 25/01 04:36h*

*Janeiro*

Respire fundo e confie: Obá tem uma grande vitória guardada para você!

ODU DO DIA **Obeogundá**

ACESSE AS PREVISÕES DE HOJE

07h

08h

09h

10h

11h

12h

13h

14h

15h

16h

17h

18h

19h

20h

21h

ANOTAÇÕES:

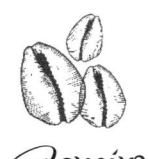

## Janeiro

*Odu Aláfia* NO ASPECTO *negativo*

ORIXÁ REGENTE: *Orunmilá*

O LUA CHEIA
*Lua Vazia: 24/01 19:58h até 25/01 04:36h*

# 25
## QUINTA

07h

08h

09h

10h

11h

12h

13h

14h

15h

16h

17h

18h

19h

20h

21h

ANOTAÇÕES:

*Respire fundo e olhe para dentro de si; é lá que mora a força sagrada de Orunmilá!*

ODU DO DIA *Aláfia*

ACESSE AS
PREVISÕES
DE HOJE

# 26

**SEXTA**

Abra o coração e agradeça: Oxoguiã é quem trará equilíbrio para as suas escolhas!

ODU DO DIA
*Ejionilé*

ACESSE AS PREVISÕES DE HOJE

07h

08h

09h

10h

11h

12h

13h

14h

15h

16h

17h

18h

19h

20h

21h

ANOTAÇÕES:

# Janeiro

*Odu Ossá* NO ASPECTO *negativo*

ORIXÁ REGENTE: *Iyewá*

O LUA CHEIA
*Lua Vazia: 26/01 18:19h até 27/01 16:11h*

# 27
## SÁBADO

07h _____

08h _____

09h _____

10h _____

11h _____

12h _____

13h _____

14h _____

15h _____

16h _____

17h _____

18h _____

19h _____

20h _____

21h _____

Vida longa, saúde e felicidade, que as bênçãos de Iyewá lhe cubram por todo o dia!

ODU DO DIA
*Ossá*

ACESSE AS
PREVISÕES
DE HOJE

ANOTAÇÕES:

# 28
## DOMINGO

*Odu Ofun* NO ASPECTO *positivo*

<u>ORIXÁ REGENTE:</u> *Oxalufã*

O LUA CHEIA

*Janeiro*

Neuhuma dor dura pra sempre!
Que Oxalufã lhe acolha e conforte
o seu coração!

ODU DO DIA
*Ofun*

ACESSE AS
PREVISÕES
DE HOJE

07h

08h

09h

10h

11h

12h

13h

14h

15h

16h

17h

18h

19h

20h

21h

ANOTAÇÕES:

**Janeiro**

*Odu Ejiokô* NO ASPECTO *negativo*

<u>ORIXÁ REGENTE:</u> *Omolu*

O LUA CHEIA
*Lua Vazia: 29/01 20:19h até 30/01 05:04h*

# 29
## SEGUNDA

07h _____

08h _____

09h _____

10h _____

11h _____

12h _____

13h _____

14h _____

15h _____

16h _____

17h _____

18h _____

19h _____

20h _____

21h _____

ANOTAÇÕES:

*No dia de hoje, que Omolu cubra o seu lar e a sua família com a felicidade!*

ODU DO DIA *Ejiokô*

ACESSE AS
PREVISÕES
DE HOJE

# 30

**TERÇA**

*Odu Ejilaxeborá* NO ASPECTO *negativo*

ORIXÁ REGENTE: *Xangô*

O LUA CHEIA
*Lua Vazia: 29/01 20:19h até 30/01 05:04h*

*Janeiro*

Felicidade e prosperidade: estas são as promessas de Xangô para o seu dia!

ODU DO DIA *Ejilaxebor*

ACESSE AS
PREVISÕES
DE HOJE

07h

08h

09h

10h

11h

12h

13h

14h

15h

16h

17h

18h

19h

20h

21h

ANOTAÇÕES:

**Janeiro**

*Odu Ojiologbon* NO ASPECTO *positivo*

<u>ORIXÁ REGENTE:</u> *Nanã*

O LUA CHEIA

# 31
## QUARTA

07h

08h

09h

10h

11h

12h

13h

14h

15h

16h

17h

18h

19h

20h

21h

ANOTAÇÕES:

Paz, sucesso e felicidade: esta é a profecia que Nanã realizará no seu dia!

ODU DO DIA *Ojiologbon*

ACESSE AS PREVISÕES DE HOJE

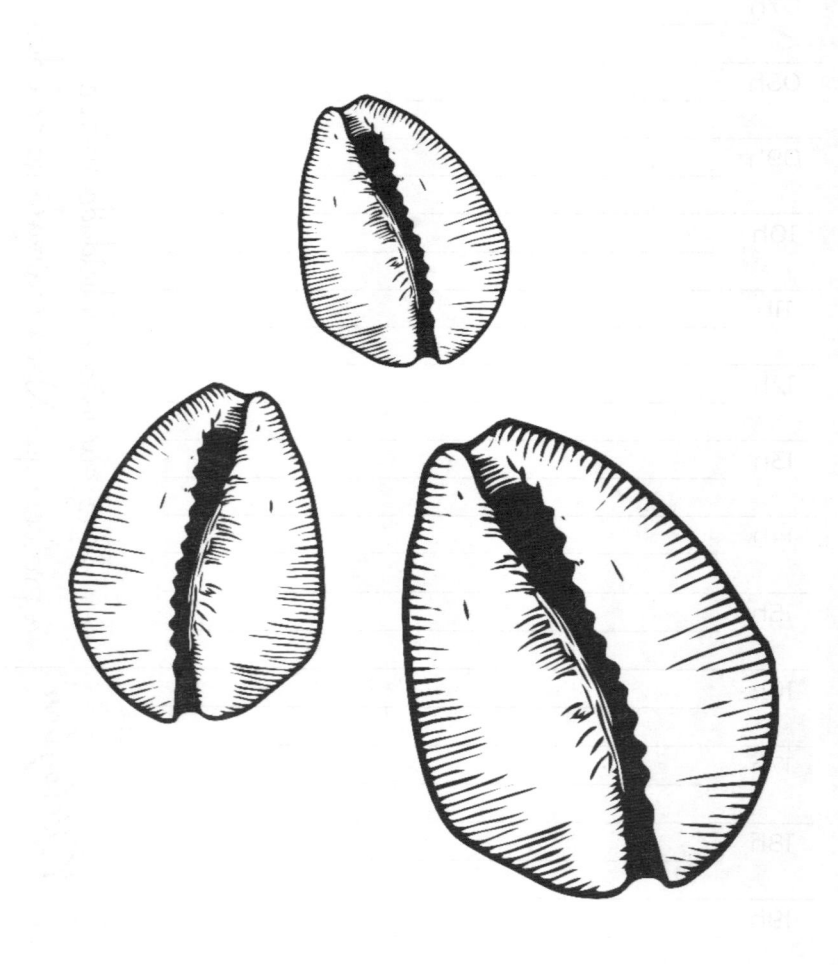

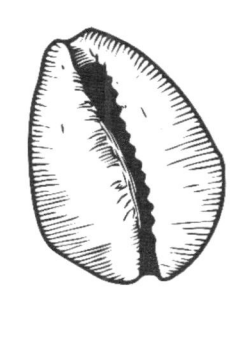
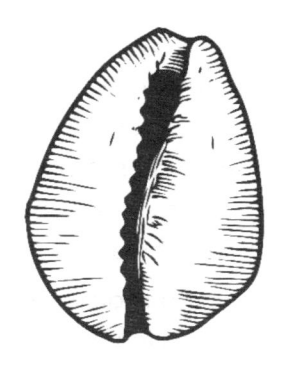

# FEVEREIRO

## ODU DO MÊS: OFUN

*O tempo é o Senhor da razão*

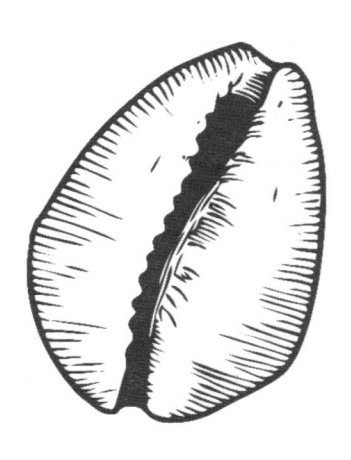

# Previsões para Fevereiro

Sob a influência do **Odu Ofun**, este mês nos leva por um caminho que contrasta com o ritmo que estávamos habituadas a seguir. Pode parecer que **os dias se arrastam**, no entanto, é um período repleto de **oportunidades de aprendizado e uma sensação de segurança**. A chave, neste momento, é abrandar a pressa e absorver as valiosas lições que a vida e o destino nos reservam.

Nesse contexto, é o **momento de contemplar o passado** e extrair sabedoria dele para **construir um futuro repleto de confiança**. As escolhas e conclusões relacionadas às experiências dos últimos anos nos guiarão para compreender que cada elemento possui seu lugar e que o passado deve permanecer no seu devido tempo. Isso nos conduz a **reavaliar nossos hábitos, relações sociais, carreira e tudo que possui significado em nossas vidas**, identificando com urgência o que necessita de um encerramento definitivo.

O **Odu Ofun**, senhor da eternidade, nos convida a **praticar o desapego e encerrar o que já não deve continuar**. Coragem e decisões assertivas são essenciais para abandonar o que não mais se harmoniza com o presente. **A palavra-chave é introspecção**. Para auxiliar nas escolhas, clarear pensamentos e trazer a razão à tona, a prática de **vestir roupas brancas e adotar o silêncio consciente nas sextas-feiras se apresenta como uma valiosa ferramenta**, evitando conflitos e desordens. Assim, estaremos preparadas para as transformações que este mês nos reserva.

Além disso, outra ferramenta importante é o uso de defumações e incensos feitos com ervas ou óleos essenciais que incentivem **o autoconhecimento, o olhar para dentro e a redescoberta de si**. Que tal aproveitar este período e conhecer os Incensos Casa Arole: Meditação e Relaxamento? Acesse **www.casaarole.com.br** e descubra!

**Fevereiro**

*Odu Owarín* NO ASPECTO *negativo*

<u>ORIXÁ REGENTE:</u> *Iansã*

O LUA CHEIA
*Lua Vazia: 01/02 06:04h até 01/02 17:36h*

# 01
## QUINTA

07h

08h

09h

10h

11h

12h

13h

14h

15h

16h

17h

18h

19h

20h

21h

*Que Iansã lhe permita seguir em frente, pois a felicidade está chegando!*

ODU DO DIA
*Owarín*

ACESSE AS PREVISÕES DE HOJE

ANOTAÇÕES:

# 02

**SEXTA**

Dia de Iemanjá

*Fevereiro*

É nos pequenos sinais do universo que Xangô se manifesta, permita-se enxergá-los!

ODU DO DIA
**Ejilaxeborá**

ACESSE AS
PREVISÕES
DE HOJE

| | |
|---|---|
| | 07h |
| | 08h |
| | 09h |
| | 10h |
| | 11h |
| | 12h |
| | 13h |
| | 14h |
| | 15h |
| | 16h |
| | 17h |
| | 18h |
| | 19h |
| | 20h |
| | 21h |

ANOTAÇÕES:

**Fevereiro**

*Odu Ojiologbon* NO ASPECTO *negativo*

<u>ORIXÁ REGENTE:</u> *Nanã*

☾ LUA MINGUANTE

# 03
## SÁBADO

07h

08h

09h

10h

11h

12h

13h

14h

15h

16h

17h

18h

19h

20h

21h

ANOTAÇÕES:

*Paz, sucesso e felicidade: esta é a profecia que Nanã realizará no seu dia!*

ODU DO DIA *Ojiologbon*

ACESSE AS PREVISÕES DE HOJE

# 04

**DOMINGO**

*Odu Iká* NO ASPECTO *negativo*

ORIXÁ REGENTE: *Iyewá*

☽ LUA MINGUANTE
*Lua Vazia: 04/02 00:24h até 04/02 03:27h*

*Fevereiro*

Enquanto há esperança, há um caminho!
Que Iyewá lhe dê felicidade!

ODU DO DIA
*Iká*

ACESSE AS
PREVISÕES
DE HOJE

07h

08h

09h

10h

11h

12h

13h

14h

15h

16h

17h

18h

19h

20h

21h

ANOTAÇÕES:

# *Odu Obeogundá* NO ASPECTO *negativo*

ORIXÁ REGENTE: *Obá*

☽ LUA MINGUANTE

*Fevereiro*

# 05

## SEGUNDA

07h

08h

09h

10h

11h

12h

13h

14h

15h

16h

17h

18h

19h

20h

21h

*Nenhuma dor dura pra sempre!*
*Que Obá lhe conforte o seu coração!*

ODU DO DIA

*Obeogundá*

ACESSE AS
PREVISÕES
DE HOJE

ANOTAÇÕES:

# 06

**TERÇA**

*Odu Aláfia* NO ASPECTO *negativo*

<u>ORIXÁ REGENTE:</u> *Orunmilá*

☽ LUA MINGUANTE
*Lua Vazia: 06/02 02:06h até 06/02 09:08h*

*Fevereiro*

Confiar na voz do seu coração é ouvir os conselhos de Orunmilá para o seu dia!

ODU DO DIA
*Aláfia*

ACESSE AS
PREVISÕES
DE HOJE

07h

08h

09h

10h

11h

12h

13h

14h

15h

16h

17h

18h

19h

20h

21h

ANOTAÇÕES:

*Odu Ejionilé* NO ASPECTO *negativo*
ORIXÁ REGENTE: *Xangô Airá*
☽ LUA MINGUANTE

# Fevereiro

# 07

QUARTA

07h _____

08h _____

09h _____

10h _____

11h _____

12h _____

13h _____

14h _____

15h _____

Sorria: apesar da noite escura, um novo sol raiou! Deixe Xangô Airá transformar o seu dia!

16h _____

17h _____

18h _____

ODU DO DIA
*Ejionilé*

19h _____

20h _____

21h _____

ACESSE AS
PREVISÕES
DE HOJE

ANOTAÇÕES:

# 08

**QUINTA**

*Odu Ossá* NO ASPECTO *negativo*

ORIXÁ REGENTE: *Iemanjá*

☾ LUA MINGUANTE

*Lua Vazia: 08/02 04:52h até 08/02 10:59h*

*Fevereiro*

*Iemanjá já determinou e hoje é o seu dia de vencer! Confie: a felicidade chegando!*

ODU DO DIA

*Ossá*

ACESSE AS
PREVISÕES
DE HOJE

07h

08h

09h

10h

11h

12h

13h

14h

15h

16h

17h

18h

19h

20h

21h

ANOTAÇÕES:

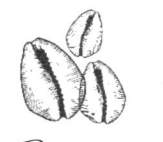

**Fevereiro**

*Odu Ofun* NO ASPECTO *negativo*

<u>ORIXÁ REGENTE:</u> *Oxalufã*

● LUA NOVA

*Lua Vazia: 09/02 19:59h até 10/02 10:42h*

# 09
## SEXTA

07h

08h

09h

10h

11h

12h

13h

14h

15h

16h

17h

18h

19h

20h

21h

*Respire fundo e olhe para dentro de si: é lá que mora a força sagrada de Oxalufã!*

ODU DO DIA
*Ofun*

ACESSE AS
PREVISÕES
DE HOJE

ANOTAÇÕES:

# 10

## SÁBADO

*Odu Owarin* NO ASPECTO *negativo*

ORIXÁ REGENTE: *Iansã*

● LUA NOVA

*Lua Vazia: 09/02 19:59h até 10/02 10:42h*

*Fevereiro*

Agradeça, perdoe e não deseje o mal...
É Iansã quem lhe protege
das más influências!

ODU DO DIA

*Owarin*

ACESSE AS
PREVISÕES
DE HOJE

07h

08h

09h

10h

11h

12h

13h

14h

15h

16h

17h

18h

19h

20h

21h

ANOTAÇÕES:

*Odu Ejilaxeborá* NO ASPECTO *positivo*

ORIXÁ REGENTE: *Xangô*

● LUA NOVA

# Fevereiro

# 11

## DOMINGO

07h

08h

09h

10h

11h

12h

13h

14h

15h

16h

17h

18h

19h

20h

21h

*Que a força de Xangô lhe torne capaz de confiar e amar a si e a todos ao seu redor!*

ODU DO DIA

*Ejilaxeborá*

ACESSE AS
PREVISÕES
DE HOJE

ANOTAÇÕES:

# 12

**SEGUNDA**

Carnaval

*Odu Ojiologbon* NO ASPECTO *negativo*

<u>ORIXÁ REGENTE:</u> *Nanã*

● LUA NOVA

*Lua Vazia: 12/02 09:31h até 12/02 10:25h*

*Fevereiro*

Aceite suas bênçãos: Nanã lhe permite renovar-se a cada manhã!

ODU DO DIA **Ojiologbon**

ACESSE AS
PREVISÕES
DE HOJE

07h

08h

09h

10h

11h

12h

13h

14h

15h

16h

17h

18h

19h

20h

21h

ANOTAÇÕES:

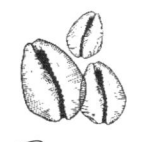

*Odu Iká* NO ASPECTO *positivo*

ORIXÁ REGENTE: *Iyewá*

● LUA NOVA

# Fevereiro

# 13

## TERÇA
Carnaval

07h _____

08h _____

09h _____

10h _____

11h _____

12h _____

13h _____

14h _____

15h _____

16h _____

17h _____

18h _____

19h _____

20h _____

21h _____

*Meu maior desejo? Que Iyewá lhe faça capaz de agir e mudar o seu destino!*

ODU DO DIA **Iká**

ACESSE AS
PREVISÕES
DE HOJE

ANOTAÇÕES:

# 14

**QUARTA**

Dia de Cinzas

*Odu Obeogundá* NO ASPECTO *negativo*

<u>ORIXÁ REGENTE:</u> *Obá*

● LUA NOVA

*Lua Vazia: 14/02 07:20h até 14/02 12:02h*

*Fevereiro*

Abra o coração e agradeça: Obá é quem trará equilíbrio para as suas escolhas!

ODU DO DIA

*Obeogundá*

ACESSE AS
PREVISÕES
DE HOJE

| | 07h |
| --- | --- |
| | 08h |
| | 09h |
| | 10h |
| | 11h |
| | 12h |
| | 13h |
| | 14h |
| | 15h |
| | 16h |
| | 17h |
| | 18h |
| | 19h |
| | 20h |
| | 21h |

ANOTAÇÕES:

*Odu Aláfia* NO ASPECTO *positivo*

ORIXÁ REGENTE: *Orunmilá*

● LUA NOVA

## Fevereiro

# 15
## QUINTA

07h _____

08h _____

09h _____

10h _____

11h _____

12h _____

13h _____

14h _____

15h _____

16h _____

17h _____

18h _____

19h _____

20h _____

21h _____

*No dia de hoje, que Orunmilá lhe inspire com a certeza de novos caminhos em sua vida!*

ODU DO DIA *Aláfia*

ACESSE AS PREVISÕES DE HOJE

ANOTAÇÕES:

# 16

**SEXTA**

*Fevereiro*

Já ouviu seu bater coração hoje? É Oxoguiã dizendo que chegou a hora de vencer!

ODU DO DIA
**Ejíogbê**

ACESSE AS
PREVISÕES
DE HOJE

07h

08h

09h

10h

11h

12h

13h

14h

15h

16h

17h

18h

19h

20h

21h

ANOTAÇÕES:

07h

08h

09h

10h

11h

12h

13h

14h

15h

16h

17h

18h

19h

20h

21h

Ouça sua intuição: ela é o poder de Obá que vive dentro de você!

ODU DO DIA

*Ossá*

ACESSE AS PREVISÕES DE HOJE

ANOTAÇÕES:

# 18

**DOMINGO**

Fé acima de tudo e apesar de tudo! Tenha certeza: Oxalufã é por você!

07h

08h

09h

10h

11h

12h

13h

14h

15h

16h

17h

18h

ODU DO DIA

*Ofun*

ACESSE AS PREVISÕES DE HOJE

19h

20h

21h

ANOTAÇÕES:

*Odu Ejiokô* NO ASPECTO *positivo*

ORIXÁ REGENTE: *Ibeji*

☾ LUA CRESCENTE
*Lua Vazia: 19/02 00:20h até 19/02 00:24h*

# Fevereiro

# 19
## SEGUNDA

07h _____

08h _____

09h _____

10h _____

11h _____

12h _____

13h _____

14h _____

15h _____

16h _____

17h _____

18h _____

19h _____

20h _____

21h _____

ANOTAÇÕES:

*Depois de toda tempestade, vem a bonança. Até lá, que Ibeji lhe acolha e lhe abençoe!*

ODU DO DIA
*Ejiokô*

ACESSE AS
PREVISÕES
DE HOJE

# 20

**TERÇA**

*Odu Ejilaxeborá* NO ASPECTO *positivo*

ORIXÁ REGENTE: *Xangô*

☾ LUA CRESCENTE

*Fevereiro*

Por hoje e todo o sempre, que Xangô
guie seus passos e abra os seus caminhos!

ODU DO DIA
*Ejilaxeborá*

ACESSE AS
PREVISÕES
DE HOJE

| | |
|---|---|
| | 07h |
| | 08h |
| | 09h |
| | 10h |
| | 11h |
| | 12h |
| | 13h |
| | 14h |
| | 15h |
| | 16h |
| | 17h |
| | 18h |
| | 19h |
| | 20h |
| | 21h |

ANOTAÇÕES:

**Fevereiro**

*Odu Ojíologbon* NO ASPECTO *negativo*

ORIXÁ REGENTE: *Nanã*

☾ LUA CRESCENTE
*Lua Vazia: 21/02 03:37h até 21/02 10:40h*

# 21
## QUARTA

07h

08h

09h

10h

11h

12h

13h

14h

15h

16h

17h

18h

19h

20h

21h

*No dia de hoje, que Nanã lhe dê a sabedoria das boas escolhas!*

ODU DO DIA
**Ojíologbon**

ACESSE AS
PREVISÕES
DE HOJE

ANOTAÇÕES:

# 22

**QUINTA**

*Fevereiro*

No dia de hoje, que Oxumarê cubra o seu lar e a sua família com a felicidade!

ODU DO DIA

*Iká*

ACESSE AS
PREVISÕES
DE HOJE

| | |
|---|---|
| | 07h |
| | 08h |
| | 09h |
| | 10h |
| | 11h |
| | 12h |
| | 13h |
| | 14h |
| | 15h |
| | 16h |
| | 17h |
| | 18h |
| | 19h |
| | 20h |
| | 21h |

ANOTAÇÕES:

## *Odu Obeogundá* NO ASPECTO *negativo*

ORIXÁ REGENTE: *Obá*

☾ LUA CRESCENTE
*Lua Vazia: 23/02 01:18h até 23/02 22:37h*

*Fevereiro*

# 23
SEXTA

07h _____

08h _____

09h _____

10h _____

11h _____

12h _____

13h _____

14h _____

15h _____

16h _____

17h _____

18h _____

19h _____

20h _____

21h _____

*Pelo dia de hoje, que Exu lhe provoque... e que Obá lhe abençoe!*

ODU DO DIA
*Obeogundá*

ACESSE AS
PREVISÕES
DE HOJE

ANOTAÇÕES:

# 24

## SÁBADO

*Fevereiro*

Abra os olhos e permita-se enxergar as belezas que Orunmilá preparou para você!

ODU DO DIA

*Aláfia*

ACESSE AS PREVISÕES DE HOJE

07h

08h

09h

10h

11h

12h

13h

14h

15h

16h

17h

18h

19h

20h

21h

ANOTAÇÕES:

*Odu Ejiogbê* NO ASPECTO *positivo*

ORIXÁ REGENTE: *Xangô Airá*

O LUA CHEIA

# Fevereiro

# 25

DOMINGO

07h

08h

09h

10h

11h

12h

13h

14h

15h

Vida longa, saúde e felicidade: que as bênçãos de Xangô Airá lhe cubram por todo o dia!

16h

17h

18h

ODU DO DIA *Ejiogbê*

19h

20h

21h

ACESSE AS PREVISÕES DE HOJE

ANOTAÇÕES:

# 26

**SEGUNDA**

*Odu Ossá* NO ASPECTO *negativo*

<u>ORIXÁ REGENTE:</u> *Iemanjá*

O LUA CHEIA
*Lua Vazia: 26/02 04:35h até 26/02 11:29h*

*Fevereiro*

Que tal começar o dia sorrindo?
Deixe a força de Iemanjá lhe inspirar
e guiar o seu destino!

ODU DO DIA

*Ossá*

ACESSE AS
PREVISÕES
DE HOJE

07h

08h

09h

10h

11h

12h

13h

14h

15h

16h

17h

18h

19h

20h

21h

ANOTAÇÕES:

**Fevereiro**

*Odu Ofun* NO ASPECTO *negativo*

ORIXÁ REGENTE: *Oxalufã*

O LUA CHEIA
*Lua Vazia: 27/02 15:21h até 29/02 00:09h*

# 27
## TERÇA

07h _____

08h _____

09h _____

10h _____

11h _____

12h _____

13h _____

14h _____

15h _____

16h _____

17h _____

18h _____

19h _____

20h _____

21h _____

*As palavras de Oxalufã são certeiras: seus caminhos lhe guiarão para a vitória!*

ODU DO DIA *Ofun*

ACESSE AS PREVISÕES DE HOJE

ANOTAÇÕES:

# 28

**QUARTA**

*Odu Ejiokô* NO ASPECTO *negativo*

<u>ORIXÁ REGENTE:</u> *Ogum*

O LUA CHEIA

*Lua Vazia: 27/02 15:21h até 29/02 00:09h*

*Fevereiro*

Quando tudo parecer perdido, que Ogum seja a luz da esperança a lhe guiar!

ODU DO DIA

*Ejiokô*

ACESSE AS
PREVISÕES
DE HOJE

07h

08h

09h

10h

11h

12h

13h

14h

15h

16h

17h

18h

19h

20h

21h

ANOTAÇÕES:

**Fevereiro**

*Odu Ogundá* NO ASPECTO *negativo*

ORIXÁ REGENTE: *Ogum*

O LUA CHEIA
*Lua Vazia: 27/02 15:21h até 29/02 00:09h*

# 29
## QUINTA

07h _____

08h _____

09h _____

10h _____

11h _____

12h _____

13h _____

14h _____

15h _____

16h _____

17h _____

18h _____

19h _____

20h _____

21h _____

*Acredite: Ogum lhe dará a sabedoria necessária para evoluir e vencer!*

ODU DO DIA *Ogundá*

ACESSE AS
PREVISÕES
DE HOJE

ANOTAÇÕES:

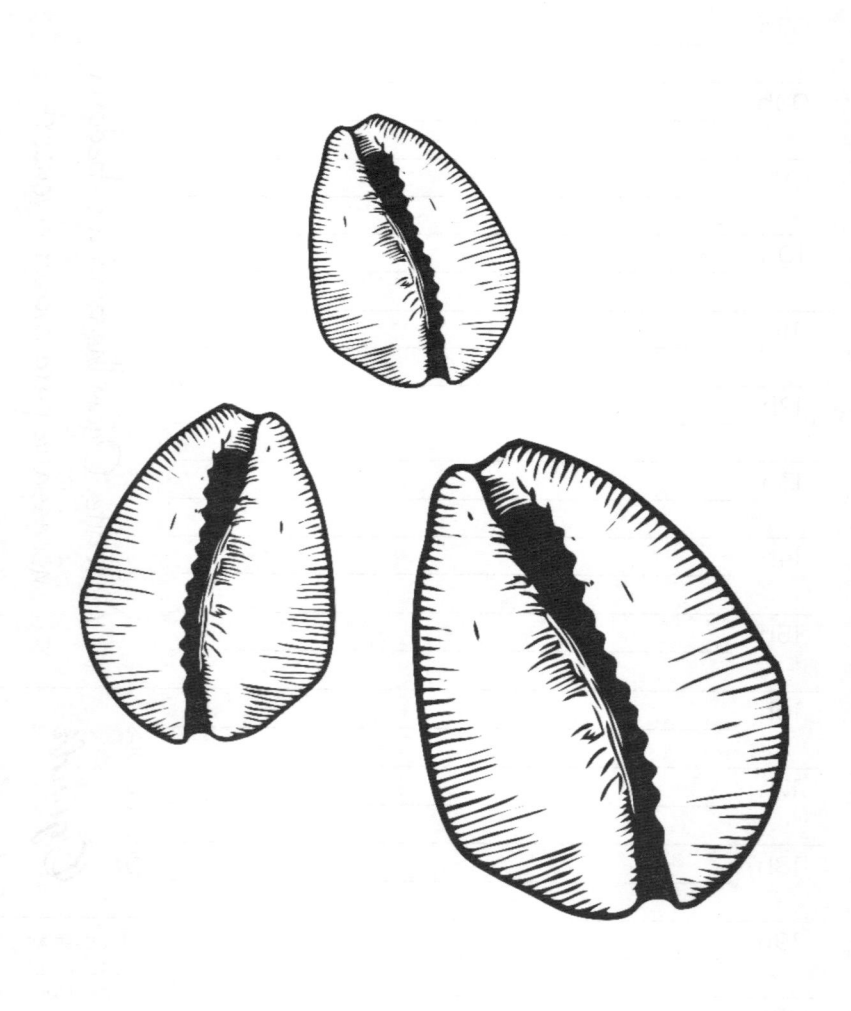

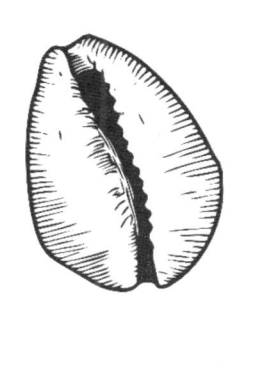
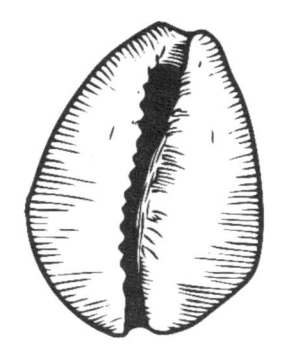

# MARÇO

## ODU DO MÊS: OWARIN

*Caminhos solitários não trazem discórdias*

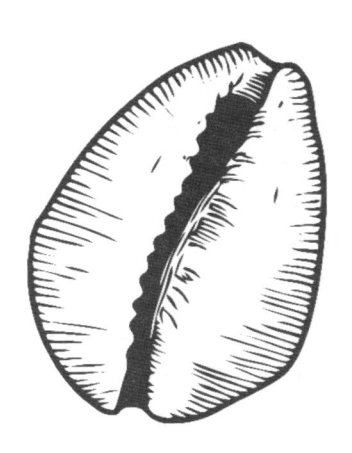

# Previsões para Março

Neste mês, a regência do **Odu Owarin** traz a promessa de **realização de grandes projetos**, auxílio para **conquistar nossos objetivos e decisões** que levarão a resultados positivos nos meses que virão. Agora é o momento de estabelecer novas metas com os pés firmes na realidade, traçar um plano de ação e organizar-se para alcançá-las.

No entanto, sob as influências de Exu e Iansã, é crucial atentar para os aspectos negativos desse Odu, que alertam sobre **riscos de acidentes inesperados e perigos à vida.** Portanto, é importante **redobrar os cuidados nas ruas, especialmente à noite, e evitar discussões e conflitos.** Se houver viagens planejadas, é aconselhável adiá-las para o próximo mês. Além disso, devemos considerar a possível interferência dos aspectos negativos do Odu regente do ano, que, em combinação com o Owarin, pode desequilibrar nossos relacionamentos pessoais, profissionais e amorosos, intensificando disputas de poder. Caso não tenha realizado os rituais sugeridos nos meses anteriores, realizá-los agora é tão importante quanto **buscar orientação por meio do Jogo de Búzios para oferendar os Orixás adequadamente.**

Owarin é um Odu de extremos: em seu aspecto positivo, traz **grande sorte e resultados financeiros favoráveis,** especialmente quando oferendado à Orixá Ajê Salunga. No entanto, em negativo, é um Odu terrível que **anuncia todos os tipos de tragédias inesperadas,** por isso devemos evitar sociedades, contratos que envolvam mais de duas pessoas e disputas legais, a fim de evitar ingratidões e deslealdades.

Para atrair as bênçãos desse Odu, na virada de sexta para sábado de lua crescente ou cheia, **prepare um banho com água de cachoeira, cristais e seu perfume pessoal.** Esse banho, feito com a dissolução de um acaçá na água, deve ser aplicado da cabeça aos pés.

**Março**

*Odu Ejilaxeborá* NO ASPECTO *positivo*

<u>ORIXÁ REGENTE:</u> *Xangô*

O LUA CHEIA

# 01

SEXTA

07h _____

08h _____

09h _____

10h _____

11h _____

12h _____

13h _____

14h _____

15h _____

No dia de hoje, que Xangô cubra o seu lar e a sua família com a felicidade!

16h _____

17h _____

18h _____

ODU DO DIA
*Ejilaxeborá*

19h _____

20h _____

21h _____

ACESSE AS
PREVISÕES
DE HOJE

ANOTAÇÕES:

# 02
## SÁBADO

*Odu Ojíologbon* NO ASPECTO *negativo*

ORIXÁ REGENTE: *Nanã*

O LUA CHEIA
*Lua Vazia: 02/03 04:47h até 02/03 10:56h*

*Março*

*Que Nanã lhe permita amadurecer com os desafios do destino!*

ODU DO DIA
*Ojíologbon*

ACESSE AS
PREVISÕES
DE HOJE

| | 07h |
| --- | --- |
| | 08h |
| | 09h |
| | 10h |
| | 11h |
| | 12h |
| | 13h |
| | 14h |
| | 15h |
| | 16h |
| | 17h |
| | 18h |
| | 19h |
| | 20h |
| | 21h |

ANOTAÇÕES:

*Odu Iká* NO ASPECTO *negativo*

ORIXÁ REGENTE: *Oxumarê*

☽ LUA MINGUANTE

# Março

# 03

## DOMINGO

07h

08h

09h

10h

11h

12h

13h

14h

15h

16h

17h

18h

19h

20h

21h

*De agora em diante e por todo o sempre, que Oxumarê lhe dê força e coragem para vencer!*

ODU DO DIA *Iká*

ACESSE AS PREVISÕES DE HOJE

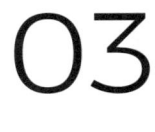

ANOTAÇÕES:

# 04

**SEGUNDA**

Nas encruzilhadas da vida, que Exu guie os seus passos e abençoe o seu caminho!

ODU DO DIA
**Obeogundá**

ACESSE AS
PREVISÕES
DE HOJE

| | |
|---|---|
| | 07h |
| | 08h |
| | 09h |
| | 10h |
| | 11h |
| | 12h |
| | 13h |
| | 14h |
| | 15h |
| | 16h |
| | 17h |
| | 18h |
| | 19h |
| | 20h |
| | 21h |

ANOTAÇÕES:

*Odu Aláfia* NO ASPECTO *negativo*

ORIXÁ REGENTE: *Orunmilá*

☽ LUA MINGUANTE

# Março

# 05
## TERÇA

07h _____

08h _____

09h _____

10h _____

11h _____

12h _____

13h _____

14h _____

15h _____

16h _____

17h _____

18h _____

19h _____

20h _____

21h _____

*Agradeça e siga em frente! Orunmilá abrirá os seus caminhos para a vitória!*

ODU DO DIA *Aláfia*

ACESSE AS PREVISÕES DE HOJE

ANOTAÇÕES:

# 06

**QUARTA**

*Odu Ejionilé* NO ASPECTO *negativo*

ORIXÁ REGENTE: *Xangô Airá*

☽ LUA MINGUANTE

*Lua Vazia: 06/03 16:35h até 06/03 21:38h*

*Março*

Que a força de Xangô Airá lhe torne capaz de confiar e amar a si e a todos ao seu redor!

ODU DO DIA

*Ejionilé*

ACESSE AS
PREVISÕES
DE HOJE

07h

08h

09h

10h

11h

12h

13h

14h

15h

16h

17h

18h

19h

20h

21h

ANOTAÇÕES:

*Odu Ossá* NO ASPECTO *negativo*

ORIXÁ REGENTE: *Iyewá*

☽ LUA MINGUANTE

# 07

QUINTA

*Março*

07h _____

08h _____

09h _____

10h _____

11h _____

12h _____

13h _____

14h _____

15h _____

16h _____

17h _____

18h _____

19h _____

20h _____

21h _____

ANOTAÇÕES:

*Que Iyewá lhe permita seguir em frente, pois a felicidade está chegando!*

ODU DO DIA *Ossá*

ACESSE AS
PREVISÕES
DE HOJE

# 08

**SEXTA**

*Odu Ofun* NO ASPECTO *negativo*

ORIXÁ REGENTE: *Oxalufã*

☽ LUA MINGUANTE

*Lua Vazia: 08/03 15:55h até 08/03 22:03h*

Dia Internacional da Mulher

*Março*

Avante! Oxalufã vai lhe guiar no caminho da verdade e da felicidade!

ODU DO DIA

*Ofun*

ACESSE AS
PREVISÕES
DE HOJE

07h

08h

09h

10h

11h

12h

13h

14h

15h

16h

17h

18h

19h

20h

21h

ANOTAÇÕES:

**Março**

Odu Ejiokô NO ASPECTO *negativo*

ORIXÁ REGENTE: *Omolu*

☽ LUA MINGUANTE

# 09

SÁBADO

07h

08h

09h

10h

11h

12h

13h

14h

15h

16h

17h

18h

19h

20h

21h

*Você está no caminho certo! Deixe que Omolu guie seus passos e suas decisões!*

ODU DO DIA
*Ejiokô*

ACESSE AS
PREVISÕES
DE HOJE

ANOTAÇÕES:

# 10

**DOMINGO**

*Odu Ejilaxeborá* NO ASPECTO *positivo*

<u>ORIXÁ REGENTE:</u> *Xangô*

● LUA NOVA

*Lua Vazia: 10/03 16:45h até 10/03 21:19h*

*Março*

Meu maior desejo? Que Xangô lhe faça capaz de agir e mudar o seu destino!

ODU DO DIA **Ejilaxeborá**

ACESSE AS
PREVISÕES
DE HOJE

07h

08h

09h

10h

11h

12h

13h

14h

15h

16h

17h

18h

19h

20h

21h

ANOTAÇÕES:

**Março**

*Odu Ojielogbon* NO ASPECTO *negativo*

ORIXÁ REGENTE: *Nanã*

● LUA NOVA

# 11
## SEGUNDA

| | |
|---|---|
| 07h | |
| 08h | |
| 09h | |
| 10h | |
| 11h | |
| 12h | |
| 13h | |
| 14h | |
| 15h | |
| 16h | |
| 17h | |
| 18h | |
| 19h | |
| 20h | |
| 21h | |

Nenhuma dor dura pra sempre! Que Nanã lhe acolha e conforte o seu coração!

ODU DO DIA *Ojielogbon*

ACESSE AS PREVISÕES DE HOJE

ANOTAÇÕES:

# 12

**TERÇA**

*Odu Iká* NO ASPECTO *negativo*

ORIXÁ REGENTE: *Iyewá*

● LUA NOVA

*Lua Vazia: 12/03 08:07h até 12/03 21:28h*

*Março*

Acredite: Iyewá lhe dará a sabedoria necessária para evoluir e vencer!

ODU DO DIA

*Iká*

ACESSE AS PREVISÕES DE HOJE

| | |
|---|---|
| | 07h |
| | 08h |
| | 09h |
| | 10h |
| | 11h |
| | 12h |
| | 13h |
| | 14h |
| | 15h |
| | 16h |
| | 17h |
| | 18h |
| | 19h |
| | 20h |
| | 21h |

ANOTAÇÕES:

**Março**

*Odu Obeogundá* NO ASPECTO *negativo*

ORIXÁ REGENTE: *Obá*

● LUA NOVA

# 13

## QUARTA

07h _____

08h _____

09h _____

10h _____

11h _____

12h _____

13h _____

14h _____

15h _____

16h _____

17h _____

18h _____

19h _____

20h _____

21h _____

*Agradeça, perdoe e não deseje o mal... Obá lhe protege das más influências!*

ODU DO DIA
*Obeogundá*

ACESSE AS
PREVISÕES
DE HOJE

ANOTAÇÕES:

# 14

## QUINTA

**Bons caminhos, boas conquistas e boas companhias: é Orunmilá quem lhe protege!**

ODU DO DIA **Aláfia**

ACESSE AS PREVISÕES DE HOJE

07h

08h

09h

10h

11h

12h

13h

14h

15h

16h

17h

18h

19h

20h

21h

ANOTAÇÕES:

**Março**

*Odu Ejìogbê* NO ASPECTO *positivo*

ORIXÁ REGENTE: *Oxoguiã*

● LUA NOVA

*Lua Vazia: 14/03 19:29h até 15/03 00:15h*

# 15
## SEXTA

|  | |
|------|--|
| 07h | |
| 08h | |
| 09h | |
| 10h | |
| 11h | |
| 12h | |
| 13h | |
| 14h | |
| 15h | |
| 16h | |
| 17h | |
| 18h | |
| 19h | |
| 20h | |
| 21h | |

*Por hoje e sempre, que Oxoguiã lhe dê bons amigos em quem confiar!*

ODU DO DIA *Ejìogbê*

ACESSE AS PREVISÕES DE HOJE

ANOTAÇÕES:

# 16
## SÁBADO

Depois de toda tempestade, vem a bonança.
Até lá, que Obá lhe acolha e lhe abençoe!

ODU DO DIA

*Ossá*

ACESSE AS
PREVISÕES
DE HOJE

07h

08h

09h

10h

11h

12h

13h

14h

15h

16h

17h

18h

19h

20h

21h

ANOTAÇÕES:

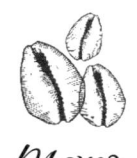

**Março**

*Odu Ofun* NO ASPECTO *positivo*

<u>ORIXÁ REGENTE:</u> *Oxalufã*

☾ **LUA CRESCENTE**
*Lua Vazia: 17/03 01:42h até 17/03 06:40h*

# 17
## DOMINGO

07h _____

08h _____

09h _____

10h _____

11h _____

12h _____

13h _____

14h _____

15h _____

16h _____

17h _____

18h _____

19h _____

20h _____

21h _____

*Pelo dia de hoje, que Exu lhe provoque... e que Oxalufã lhe abençoe!*

ODU DO DIA *Ofun*

ACESSE AS
PREVISÕES
DE HOJE

ANOTAÇÕES:

# 18

**SEGUNDA**

*Março*

Sorria: apesar da noite escura, um novo sol raiou! Deixe Ibeji transformar o seu dia!

ODU DO DIA

**Ejiokô**

ACESSE AS
PREVISÕES
DE HOJE

| | |
|---|---|
| | 07h |
| | 08h |
| | 09h |
| | 10h |
| | 11h |
| | 12h |
| | 13h |
| | 14h |
| | 15h |
| | 16h |
| | 17h |
| | 18h |
| | 19h |
| | 20h |
| | 21h |

ANOTAÇÕES:

**Março**

07h

08h

09h

10h

11h

12h

13h

14h

15h

16h

17h

18h

19h

20h

21h

Aceite suas bênçãos: Ogum lhe permite renovar-se a cada manhã!

ODU DO DIA *Ogundá*

ACESSE AS PREVISÕES DE HOJE

ANOTAÇÕES:

# 20

**QUARTA**

Início do Outono

Respire fundo e olhe para dentro de si: é lá que mora a força sagrada de Nanã!

ODU DO DIA

*Ojiologbon*

ACESSE AS PREVISÕES DE HOJE

07h

08h

09h

10h

11h

12h

13h

14h

15h

16h

17h

18h

19h

20h

21h

ANOTAÇÕES:

# Março

**Odu Iká** NO ASPECTO *positivo*

<u>ORIXÁ REGENTE:</u> *Iyewá*

☾ LUA CRESCENTE

# 21

## QUINTA

Dia Internacional Contra a Discriminação Racial / Dia Nacional do Candomblé

07h

08h

09h

10h

11h

12h

13h

14h

15h

16h

17h

18h

19h

20h

21h

*Apesar das intempéries, que Iyewá multiplique suas boas ações!*

ODU DO DIA *Iká*

ACESSE AS PREVISÕES DE HOJE

ANOTAÇÕES:

# 22

**SEXTA**

*Março*

Acredite na força que há dentro de você!
Obá está no comando do seu destino!

ODU DO DIA
*Obeogundá*

ACESSE AS
PREVISÕES
DE HOJE

07h

08h

09h

10h

11h

12h

13h

14h

15h

16h

17h

18h

19h

20h

21h

ANOTAÇÕES:

### Março

*Odu Aláfia* NO ASPECTO *positivo*

ORIXÁ REGENTE: *Orunmilá*

☾ LUA CRESCENTE

# 23
SÁBADO

07h

08h

09h

10h

11h

12h

13h

14h

15h

16h

17h

18h

19h

20h

21h

*Enquanto há esperança, há um caminho! Que Orunmilá lhe dê felicidade!*

ODU DO DIA *Aláfia*

ACESSE AS PREVISÕES DE HOJE

ANOTAÇÕES:

# 24

**DOMINGO**

*Odu Ejiogbê* NO ASPECTO *positivo*

<u>ORIXÁ REGENTE:</u> *Xangô Airá*

☾ **L**UA **C**RESCENTE

*Lua Vazia: 24/03 12:49h até 24/03 17:37h*

*Março*

Se os olhos são o espelho da alma, que Xangô Airá faça os seus brilharem de alegria!

**ODU DO DIA**

*Ejiogbê*

ACESSE AS
PREVISÕES
DE HOJE

07h

08h

09h

10h

11h

12h

13h

14h

15h

16h

17h

18h

19h

20h

21h

ANOTAÇÕES:

*Odu Ossá* NO ASPECTO *positivo*

ORIXÁ REGENTE: *Iansã*

O LUA CHEIA

## Março

# 25
## SEGUNDA

07h

08h

09h

10h

11h

12h

13h

14h

15h

16h

17h

18h

19h

20h

21h

Felicidade e prosperidade: estas são as promessas de Iansã para o seu dia!

ODU DO DIA

*Ossá*

ACESSE AS PREVISÕES DE HOJE

ANOTAÇÕES:

# 26

**TERÇA**

*Março*

Que tal começar o dia sorrindo?
Deixe a força de Oxalufã lhe inspirar
e guiar o seu destino!

ODU DO DIA *Ofun*

ACESSE AS
PREVISÕES
DE HOJE

07h

08h

09h

10h

11h

12h

13h

14h

15h

16h

17h

18h

19h

20h

21h

ANOTAÇÕES:

**Março**

07h _____

08h _____

09h _____

10h _____

11h _____

12h _____

13h _____

14h _____

15h _____

16h _____

17h _____

18h _____

19h _____

20h _____

21h _____

*Erga a cabeça e siga em frente!
No dia de hoje, é Exu quem lhe guia!*

ODU DO DIA
*Ejiokô*

ACESSE AS
PREVISÕES
DE HOJE

ANOTAÇÕES:

# 28
**QUINTA**

*Março*

No dia de hoje e a cada momento, que Ogum abençoe os seus caminhos!

ODU DO DIA
*Ogundá*

ACESSE AS
PREVISÕES
DE HOJE

07h

08h

09h

10h

11h

12h

13h

14h

15h

16h

17h

18h

19h

20h

21h

ANOTAÇÕES:

**Odu *Irossun* NO ASPECTO *positivo***

ORIXÁ REGENTE: *Iemanjá*

O LUA CHEIA
*Lua Vazia: 29/03 12:39h até 29/03 16:51h*

## Março

# 29
## SEXTA
Sexta-feira Santa / Paixão de Cristo

07h _____

08h _____

09h _____

10h _____

11h _____

12h _____

13h _____

14h _____

15h _____

16h _____

17h _____

18h _____

19h _____

20h _____

21h _____

*No dia de hoje, que Iemanjá lhe dê a sabedoria das boas escolhas!*

ODU DO DIA
*Irossun*

ACESSE AS
PREVISÕES
DE HOJE

ANOTAÇÕES:

# 30

**SÁBADO**

Sábado de Aleluia

Que neste dia, Iyewá cubra o seu lar com confiança e felicidade!

ODU DO DIA **Iká**

07h

08h

09h

10h

11h

12h

13h

14h

15h

16h

17h

18h

19h

20h

21h

ACESSE AS
PREVISÕES
DE HOJE

ANOTAÇÕES:

**Março**

*Odu Obeogundá* NO ASPECTO *positivo*

<u>ORIXÁ REGENTE:</u> *Obá*

O LUA CHEIA
*Lua Vazia: 31/03 21:15h até 01/04 01:05h*

# 31

DOMINGO

Páscoa

07h

08h

09h

10h

11h

12h

13h

14h

15h

16h

17h

18h

19h

20h

21h

*Obá já determinou e hoje é o seu dia de vencer! Confie: a felicidade chegando!*

ODU DO DIA

*Obeogundá*

ACESSE AS
PREVISÕES
DE HOJE

ANOTAÇÕES:

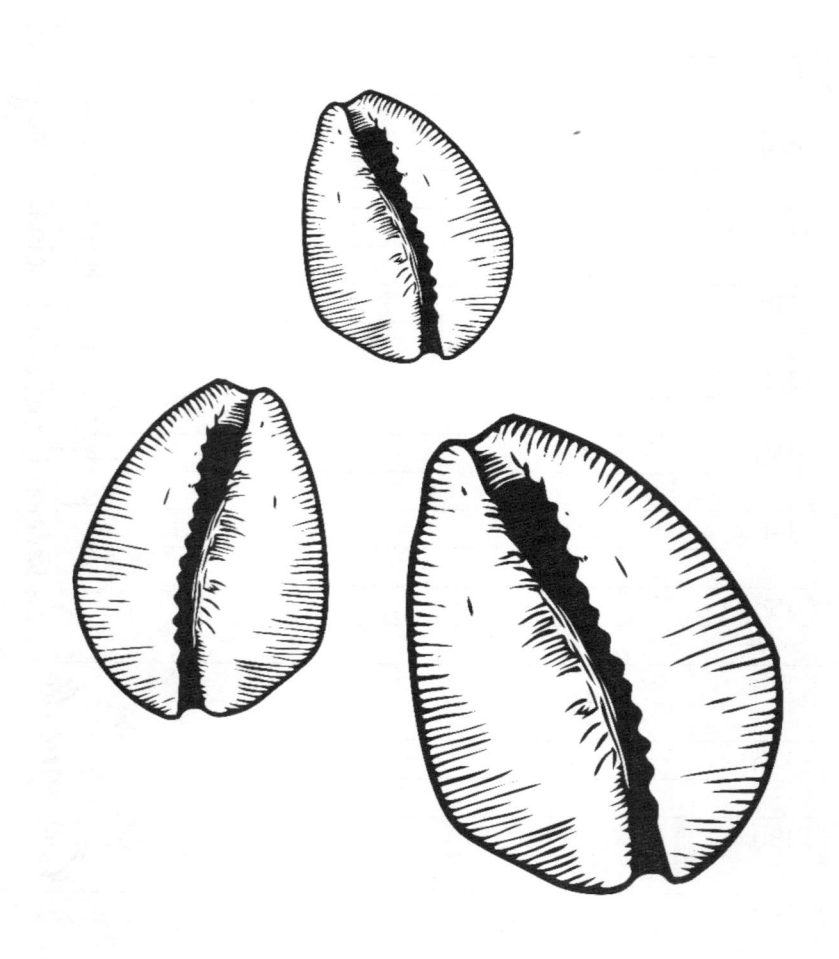

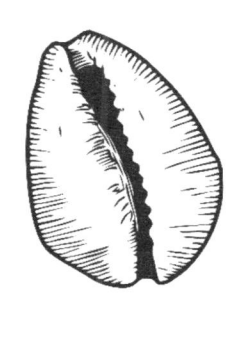
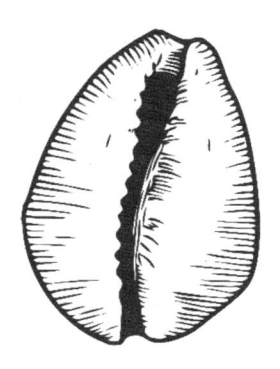

# ABRIL

## ODU DO MÊS: EJILAXEBORÁ

Na balança da vida, o que pesa é a verdade

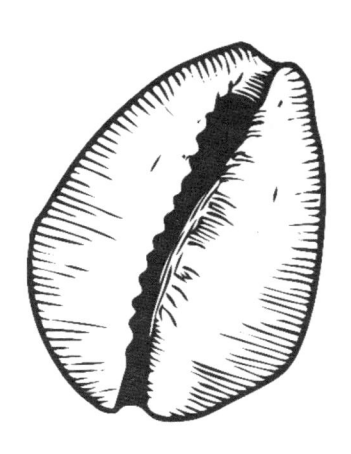

# Previsões para Abril

Neste mês, somos guiadas pela influência do **Odu Ejilaxeborá e pelas fortes energias dos Orixás Xangô e Ibeji**, que são mestres na arte da alegria. Este período nos promete celebrações e festividades, mesmo que sejam as coisas mais simples, pois é um **momento de vitórias e triunfos sobre desafios que antes pareciam insuperáveis.**

Se você está considerando **avançar em seu relacionamento** ou deseja **aquecer mais a chama da paixão**, este é o momento propício. A sensualidade estará em alta, permitindo que aproveite os momentos a dois para **renovar o afeto e desfrutar dos prazeres da carne**. No entanto, lembre-se de manter o equilíbrio, pois sob a influência do Odu Ejilaxeborá, o ditado "*tudo é permitido, mas nem tudo convém*" ganha relevância.

Mesmo com as alegrias e conquistas, é fundamental **manter a cautela ao lidar com parcerias profissionais durante este mês**. A empolgação pode fazer com que você sonhe alto, às vezes esquecendo das complexidades da realidade. Portanto, ao lidar com documentos e contratos, é essencial examinar minuciosamente os detalhes. Caso necessário, busque orientação profissional de advogados ou especialistas em áreas relevantes. Se estiver envolvida em processos judiciais ou questões contratuais e empresariais, **é importante consultar o Jogo de Búzios e realizar os rituais adequados** com o intuito de aplacar qualquer influência negativa e restabelecer a justiça e a verdade em sua vida.

Este é também o **momento de cumprir promessas feitas no passado e reconhecer as bênçãos que recebeu até aqui**. Através da retribuição, as conquistas se multiplicam em nossas vidas, pois, na espiritualidade, dar é receber. Na primeira quarta-feira deste mês, **ofereça um amalá** como gesto de agradecimento ao Orixá Xangô.

**Abril**

*Odu Ojiologbon* NO ASPECTO *positivo*

<u>ORIXÁ REGENTE:</u> *Nanã*

O LUA CHEIA

*Lua Vazia: 31/03 21:15h até 01/04 01:05h*

# 01
## SEGUNDA

07h _____

08h _____

09h _____

10h _____

11h _____

12h _____

13h _____

14h _____

15h _____

16h _____

17h _____

18h _____

19h _____

20h _____

21h _____

ANOTAÇÕES:

*Agradeça a cada segundo e observe o poder de Nanã transformar sua vida!*

ODU DO DIA *Ojiologbon*

ACESSE AS PREVISÕES DE HOJE

# 02

**TERÇA**

*Odu Iká* NO ASPECTO *negativo*

<u>ORIXÁ REGENTE:</u> *Iyewá*

☽ LUA MINGUANTE

*Abril*

Já ouviu seu bater coração hoje?
É Iyewá dizendo que chegou
a hora de vencer!

ODU DO DIA
*Iká*

ACESSE AS
PREVISÕES
DE HOJE

07h

08h

09h

10h

11h

12h

13h

14h

15h

16h

17h

18h

19h

20h

21h

ANOTAÇÕES:

**Abril**

*Odu Obeogundá* NO ASPECTO *negativo*

ORIXÁ REGENTE: *Obá*

☽ LUA MINGUANTE

*Lua Vazia: 03/04 02:40h até 03/04 06:07h*

# 03
## QUARTA

07h _____

08h _____

09h _____

10h _____

11h _____

12h _____

13h _____

14h _____

15h _____

16h _____

17h _____

18h _____

19h _____

20h _____

21h _____

Olhe para os céus e ouça a voz de Obá dizendo: você é capaz de transformar a sua vida!

ODU DO DIA *Obeogundá*

ACESSE AS PREVISÕES DE HOJE

ANOTAÇÕES:

# 04

*Odu Aláfia* NO ASPECTO *negativo*

ORIXÁ REGENTE: *Orunmilá*

☽ LUA MINGUANTE

## QUINTA

Dia de São Benedito / Dia de Ossain

*Abril*

Apesar das intempéries, que Orunmilá multiplique suas boas ações!

ODU DO DIA

*Aláfia*

ACESSE AS
PREVISÕES
DE HOJE

| | |
|---|---|
| | 07h |
| | 08h |
| | 09h |
| | 10h |
| | 11h |
| | 12h |
| | 13h |
| | 14h |
| | 15h |
| | 16h |
| | 17h |
| | 18h |
| | 19h |
| | 20h |
| | 21h |

ANOTAÇÕES:

**Abril**

*Odu Ejionilé* NO ASPECTO *negativo*

ORIXÁ REGENTE: *Oxoguiã*

☽ LUA MINGUANTE

*Lua Vazia: 05/04 02:39h até 05/04 08:12h*

# 05
## SEXTA

07h _____

08h _____

09h _____

10h _____

11h _____

12h _____

13h _____

14h _____

15h _____

16h _____

17h _____

18h _____

19h _____

20h _____

21h _____

ANOTAÇÕES:

Que tal começar o dia sorrindo? Deixe a força de Oxoguiã lhe inspirar e guiar o seu destino!

ODU DO DIA
*Ejionilê*

ACESSE AS PREVISÕES DE HOJE

# 06

**SÁBADO**

*Odu Ossá* NO ASPECTO *negativo*

<u>ORIXÁ REGENTE:</u> *Iemanjá*

☽ LUA MINGUANTE

*Abril*

Felicidade e prosperidade: estas são as promessas de Iemanjá para o seu dia!

ODU DO DIA

*Ossá*

ACESSE AS
PREVISÕES
DE HOJE

07h

08h

09h

10h

11h

12h

13h

14h

15h

16h

17h

18h

19h

20h

21h

ANOTAÇÕES:

# Abril

*Odu Ofun* NO ASPECTO *negativo*

ORIXÁ REGENTE: *Oxalufã*

☾ LUA MINGUANTE

*Lua Vazia: 07/04 05:26h até 07/04 08:24h*

# 07
## DOMINGO

07h

08h

09h

10h

11h

12h

13h

14h

15h

16h

17h

18h

19h

20h

21h

*Sorria: apesar da noite escura, um novo sol raiou! Deixe Oxalufã transformar o seu dia!*

ODU DO DIA *Ofun*

ACESSE AS PREVISÕES DE HOJE

ANOTAÇÕES:

# 08

**SEGUNDA**

Não há caminhos fechados para quem confia em Exu Eleguá com fé e coragem!

ODU DO DIA

*Ejiokô*

ACESSE AS
PREVISÕES
DE HOJE

07h

08h

09h

10h

11h

12h

13h

14h

15h

16h

17h

18h

19h

20h

21h

ANOTAÇÕES:

**Abril**

*Odu Ogundá* NO ASPECTO *negativo*

ORIXÁ REGENTE: *Ogum*

● LUA NOVA

*Lua Vazia: 08/04 23:38h até 09/04 08:23h*

# 09

## TERÇA

07h _____

08h _____

09h _____

10h _____

11h _____

12h _____

13h _____

14h _____

15h _____

16h _____

17h _____

18h _____

19h _____

20h _____

21h _____

*Enquanto há esperança, há um caminho! Que Ogum lhe dê felicidade!*

ODU DO DIA *Ogundá*

ACESSE AS PREVISÕES DE HOJE

ANOTAÇÕES:

# 10

QUARTA

No dia de hoje, que Nanã cubra o seu lar e a sua família com a felicidade!

ODU DO DIA

*Ojiologbon*

ACESSE AS
PREVISÕES
DE HOJE

07h

08h

09h

10h

11h

12h

13h

14h

15h

16h

17h

18h

19h

20h

21h

ANOTAÇÕES:

**Abril**

*Odu Iká* NO ASPECTO *positivo*

ORIXÁ REGENTE: *Iyewá*

● LUA NOVA

*Lua Vazia: 11/04 07:03h até 11/04 09:58h*

# 11
## QUINTA

07h _____

08h _____

09h _____

10h _____

11h _____

12h _____

13h _____

14h _____

15h _____

16h _____

17h _____

18h _____

19h _____

20h _____

21h _____

*Bons caminhos, boas conquistas e boas companhias: é Iyewá quem lhe protege!*

ODU DO DIA *Iká*

ACESSE AS PREVISÕES DE HOJE

ANOTAÇÕES:

# 12
**SEXTA**

Obá já determinou e hoje é o seu dia de vencer! Confie: a felicidade chegando!

ODU DO DIA
*Obeegundá*

ACESSE AS
PREVISÕES
DE HOJE

| | |
|---|---|
| | 07h |
| | 08h |
| | 09h |
| | 10h |
| | 11h |
| | 12h |
| | 13h |
| | 14h |
| | 15h |
| | 16h |
| | 17h |
| | 18h |
| | 19h |
| | 20h |
| | 21h |
| | ANOTAÇÕES: |

**Abril**

# 13
## SÁBADO

07h

08h

09h

10h

11h

12h

13h

14h

15h

16h

17h

18h

19h

20h

21h

ANOTAÇÕES:

Acredite: Orunmilá lhe dará a sabedoria necessária para evoluir e vencer!

ODU DO DIA *Aláfia*

ACESSE AS PREVISÕES DE HOJE

# 14

**DOMINGO**

*Odu Ejiogbê* NO ASPECTO *positivo*

ORIXÁ REGENTE: *Xangô Airá*

● LUA NOVA

*Abril*

Respire fundo e olhe para dentro de si:
é lá que mora a força de Xangô Airá!

ODU DO DIA
*Ejiogbê*

ACESSE AS
PREVISÕES
DE HOJE

| | |
|---|---|
| | 07h |
| | 08h |
| | 09h |
| | 10h |
| | 11h |
| | 12h |
| | 13h |
| | 14h |
| | 15h |
| | 16h |
| | 17h |
| | 18h |
| | 19h |
| | 20h |
| | 21h |

ANOTAÇÕES:

**Abril**

*Odu Ossá* NO ASPECTO *positivo*

ORIXÁ REGENTE: *Iansã*

☾ LUA CRESCENTE
*Lua Vazia: 15/04 20:22h até 15/04 23:23h*

# 15
## SEGUNDA

07h

08h

09h

10h

11h

12h

13h

14h

15h

16h

17h

18h

19h

20h

21h

*Que a força de Iansã lhe torne capaz de confiar e amar a si e a todos ao seu redor!*

ODU DO DIA

*Ossá*

ACESSE AS
PREVISÕES
DE HOJE

ANOTAÇÕES:

# 16

**TERÇA**

*Odu Ofun* NO ASPECTO *positivo*

ORIXÁ REGENTE: *Oxalufã*

☾ LUA CRESCENTE

*Abril*

*Um pouco de fé e muita coragem: esta é a receita de Oxalufã para a sua vitória!*

**ODU DO DIA**

*Ofun*

ACESSE AS
PREVISÕES
DE HOJE

07h

08h

09h

10h

11h

12h

13h

14h

15h

16h

17h

18h

19h

20h

21h

ANOTAÇÕES:

*Odu Ejiokô* NO ASPECTO *positivo*

ORIXÁ REGENTE: *Ibeji*

☾ LUA CRESCENTE

# 17
## QUARTA

07h

08h

09h

10h

11h

12h

13h

14h

15h

16h

17h

18h

19h

20h

21h

*Nas encruzilhadas da vida, que Exu que os seus passos e abençoe o seu caminho!*

ODU DO DIA

*Ejiokô*

ACESSE AS PREVISÕES DE HOJE

ANOTAÇÕES:

# 18

**QUINTA**

*Odu Ogundá* NO ASPECTO *positivo*

ORIXÁ REGENTE: *Ogum*

☾ LUA CRESCENTE
*Lua Vazia: 18/04 09:02h até 18/04 11:10h*

Dia Nacional do Livro Infantil

*Abril*

Respire fundo e confie: Ogum tem uma grande vitória guardada para você!

ODU DO DIA **Ogundá**

ACESSE AS
PREVISÕES
DE HOJE

| | |
|---|---|
| | 07h |
| | 08h |
| | 09h |
| | 10h |
| | 11h |
| | 12h |
| | 13h |
| | 14h |
| | 15h |
| | 16h |
| | 17h |
| | 18h |
| | 19h |
| | 20h |
| | 21h |

ANOTAÇÕES:

*Abril*

*Odu Irossun* NO ASPECTO *positivo*

ORIXÁ REGENTE: *Iemanjá*

☾ LUA CRESCENTE

# 19

## SEXTA

Dia da Diversidade Indígena / Dia de Santo Expedito / Dia de Logunedé

07h

08h

09h

10h

11h

12h

13h

14h

15h

16h

17h

18h

19h

20h

21h

*Vida longa, saúde e felicidade: que as bênçãos de Iemanjá lhe cubram por todo o dia!*

ODU DO DIA

*Irossun*

ACESSE AS PREVISÕES DE HOJE

ANOTAÇÕES:

# 20
## SÁBADO

*Odu Iká* NO ASPECTO *positivo*

<u>ORIXÁ REGENTE:</u> *Iyewá*

☾ LUA CRESCENTE

*Lua Vazia: 20/04 21:19h até 21/04 00:08h*

*Abril*

Por hoje e pelos dias que virão, que Iyewá lhe acolha em seus braços e abençoe seu dia!

ODU DO DIA *Iká*

ACESSE AS PREVISÕES DE HOJE

07h

08h

09h

10h

11h

12h

13h

14h

15h

16h

17h

18h

19h

20h

21h

ANOTAÇÕES:

**Abril**

*Odu Obeogundá* NO ASPECTO *positivo*

<u>ORIXÁ REGENTE:</u> *Obá*

☾ LUA CRESCENTE
*Lua Vazia: 20/04 21:19h até 21/04 00:08h*

# 21
## DOMINGO
Tiradentes

07h

08h

09h

10h

11h

12h

13h

14h

15h

16h

17h

18h

19h

20h

21h

ANOTAÇÕES:

Fé, força de vontade e paz no coração: esta é a promessa de Obá para o seu dia!

ODU DO DIA

*Obeogundá*

ACESSE AS
PREVISÕES
DE HOJE

# 22

**SEGUNDA**
Dia da terra

As palavras de Orunmilá são certeiras: seus caminhos lhe guiarão para a vitória!

ODU DO DIA
*Aláfia*

ACESSE AS
PREVISÕES
DE HOJE

07h

08h

09h

10h

11h

12h

13h

14h

15h

16h

17h

18h

19h

20h

21h

ANOTAÇÕES:

*Odu Ejíonilé* NO ASPECTO *negativo*

ORIXÁ REGENTE: *Oxoguiã*

O LUA CHEIA
*Lua Vazia: 22/04 20:23h até 23/04 12:19h*

Dia de São Jorge / Dia de Ogum / Dia Mundial do Livro

**Abril**

# 23
## TERÇA

07h

08h

09h

10h

11h

12h

13h

14h

15h

16h

17h

18h

19h

20h

21h

*Fé acima de tudo e apesar de tudo! Tenha certeza: Oxoguiã é por você!*

ODU DO DIA
*Ejíonilé*

ACESSE AS
PREVISÕES
DE HOJE

ANOTAÇÕES:

# 24

**QUARTA**

*Odu Ossá* NO ASPECTO *positivo*

ORIXÁ REGENTE: *Iansã*

O LUA CHEIA

*Abril*

Pelo dia de hoje, que Exu lhe provoque...
e que Iansã lhe abençoe!

ODU DO DIA

*Ossá*

ACESSE AS
PREVISÕES
DE HOJE

07h

08h

09h

10h

11h

12h

13h

14h

15h

16h

17h

18h

19h

20h

21h

ANOTAÇÕES:

**Abril**

*Odu Ofun* NO ASPECTO *positivo*

<u>ORIXÁ REGENTE:</u> *Oxalufã*

O LUA CHEIA
*Lua Vazia: 25/04 20:16h até 25/04 22:36h*

# 25
## QUINTA

07h _____

08h _____

09h _____

10h _____

11h _____

12h _____

13h _____

14h _____

15h _____

16h _____

17h _____

18h _____

19h _____

20h _____

21h _____

*Quando tudo parecer perdido, que Oxalufã seja a luz da esperança a lhe guiar!*

ODU DO DIA **Ofun**

ACESSE AS PREVISÕES DE HOJE

ANOTAÇÕES:

# 26

**SEXTA**

Que neste dia, Ogum cubra o seu lar com confiança e felicidade!

ODU DO DIA

*Ejiokô*

ACESSE AS
PREVISÕES
DE HOJE

07h

08h

09h

10h

11h

12h

13h

14h

15h

16h

17h

18h

19h

20h

21h

ANOTAÇÕES:

*Odu Ogundá* NO ASPECTO *positivo*

ORIXÁ REGENTE: *Ogum*

O LUA CHEIA

# 27
SÁBADO

07h _____

08h _____

09h _____

10h _____

11h _____

12h _____

13h _____

14h _____

15h _____

16h _____

17h _____

18h _____

19h _____

20h _____

21h _____

*Um novo sol raiou... Que Ogum abençoe e proteja o seu dia!*

ODU DO DIA *Ogundá*

ACESSE AS PREVISÕES DE HOJE

ANOTAÇÕES:

# 28

**DOMINGO**

*Abril*

Abra os olhos e permita-se enxergar as belezas que Iemanjá preparou para você!

ODU DO DIA
*Irossun*

ACESSE AS
PREVISÕES
DE HOJE

| | 07h |
| --- | --- |
| | 08h |
| | 09h |
| | 10h |
| | 11h |
| | 12h |
| | 13h |
| | 14h |
| | 15h |
| | 16h |
| | 17h |
| | 18h |
| | 19h |
| | 20h |
| | 21h |

ANOTAÇÕES:

**Abril**

*Odu Oxê* NO ASPECTO *positivo*

ORIXÁ REGENTE: *Oxum*

O LUA CHEIA

# 29
## SEGUNDA

07h

08h

09h

10h

11h

12h

13h

14h

15h

16h

17h

18h

Nenhuma dor dura pra sempre! Que Oxum lhe acolha e conforte seu coração!

ODU DO DIA

*Oxê*

19h

20h

21h

ACESSE AS
PREVISÕES
DE HOJE

ANOTAÇÕES:

# 30

**TERÇA**

*Odu Obeogundá* NO ASPECTO *positivo*

<u>ORIXÁ REGENTE:</u> *Obá*

O LUA CHEIA
*Lua Vazia: 30/04 12:18h até 30/04 12:19h*

*Abril*

Erga a cabeça e siga em frente!
No dia de hoje, é Obá quem lhe guia!

ODU DO DIA
*Obeogundá*

ACESSE AS
PREVISÕES
DE HOJE

07h

08h

09h

10h

11h

12h

13h

14h

15h

16h

17h

18h

19h

20h

21h

ANOTAÇÕES:

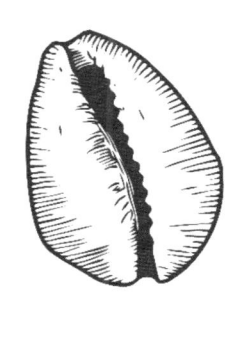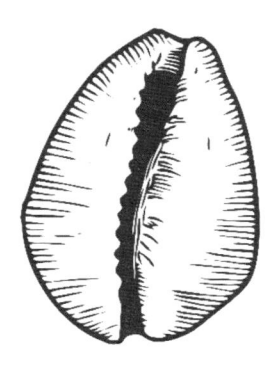

# MAIO

## ODU DO MÊS: OJIOLOGBON

Na vida, morre-se lentamente a cada dia

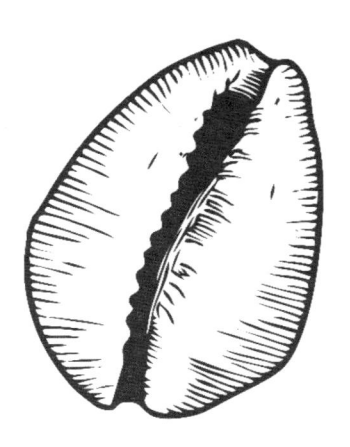

# Previsões para Maio

Sob a regência do Odu Ojiologbon, este mês nos convida a **abraçar a sabedoria e os ensinamentos que as experiências passadas trouxeram**. É um período de reflexão sobre o passado recente, de avaliar o que conquistamos e perdemos, e de **traçar planos realistas para o futuro, evitando se perder em fantasias** e excessos que podem levar à frustração.

Uma das lições mais valiosas que a regência de **Odu Ojiologbon** nos ensina é que **o passado já se foi, e o futuro é apenas um sonho; o único momento real é o presente**. Portanto, por que sofrer por coisas que não podemos mudar? Pode ser que você tenha adiado decisões devido a medos e apegos, mas é essencial compreender que tudo tem seu tempo e que segurar situações por comodidade ou para evitar conflitos não resolve nada, muitas vezes nos prendendo em uma zona de conforto desconfortável.

Além disso, **a intuição se fortalece neste mês**, sob a influência da **Orixá Nanã**, a Senhora da Sabedoria. As experiências da vida devem ser uma fonte de aprendizado, e a reflexão sobre as lições do passado deve ser feita de maneira profunda e sincera, **impulsionando seu crescimento pessoal e seu progresso em direção aos objetivos**.

Este período também pode trazer potenciais **desentendimentos e disputas com pessoas próximas**. É crucial manter a neutralidade, pois ao se envolver, pode acabar sendo responsabilizada pelas consequências. Caso não tenha realizado um ritual de *boori* nos meses anteriores, é importante fazê-lo agora, a fim de reequilibrar seus aspectos espirituais e emocionais e retomar a vida em harmonia. Portanto, antes de iniciar o mês, busque orientação do Jogo de Búzios para determinar a maneira adequada de oferendar os Orixás e afastar essas influências negativas.

*Odu Iká* NO ASPECTO *negativo*

ORIXÁ REGENTE: *Oxumarê*

☽ LUA MINGUANTE

# 01

## QUARTA

Dia do Trabalho / Dia da Literatura Brasileira

*Maio*

07h

08h

09h

10h

11h

12h

13h

14h

15h

16h

17h

18h

19h

20h

21h

*Agradeça a cada segundo e observe o poder de Oxumarê transformar sua vida!*

ODU DO DIA *Iká*

ACESSE AS PREVISÕES DE HOJE

ANOTAÇÕES:

# 02

## QUINTA

*Odu Obeogundá* NO ASPECTO *negativo*

ORIXÁ REGENTE: *Obá*

☾ LUA MINGUANTE

*Lua Vazia: 02/05 06:28h até 02/05 15:51h*

*Maio*

As palavras de Obá são certeiras: seus caminhos lhe guiarão para a vitória!

ODU DO DIA

*Obeogundá*

ACESSE AS PREVISÕES DE HOJE

07h

08h

09h

10h

11h

12h

13h

14h

15h

16h

17h

18h

19h

20h

21h

ANOTAÇÕES:

*Odu Aláfia* NO ASPECTO *negativo*

ORIXÁ REGENTE: *Orunmilá*

☽ LUA MINGUANTE

**Maio**

# 03

SEXTA

07h _____

08h _____

09h _____

10h _____

11h _____

12h _____

13h _____

14h _____

15h _____

*De agora em diante e por todo o sempre, que Orunmilá lhe dê força e coragem para vencer!*

16h _____

17h _____

18h _____

ODU DO DIA *Aláfia*

19h _____

20h _____

21h _____

ACESSE AS
PREVISÕES
DE HOJE

ANOTAÇÕES:

# 04

**SÁBADO**

*Odu Ejionilé* NO ASPECTO *negativo*

ORIXÁ REGENTE: *Oxoguiã*

☽ LUA MINGUANTE

*Lua Vazia: 04/05 16:06h até 04/05 17:40h*

*Maio*

Acalme seu coração e receba as bênçãos de Oxoguiã... Um novo dia vai raiar!

07h

08h

09h

10h

11h

12h

13h

14h

15h

16h

17h

18h

19h

20h

21h

ODU DO DIA

*Ejionilé*

ACESSE AS
PREVISÕES
DE HOJE

ANOTAÇÕES:

*Odu Ossá* NO ASPECTO *negativo*

ORIXÁ REGENTE: *Iemanjá*

☽ LUA MINGUANTE

# 05

## DOMINGO

*Maio*

07h _____

08h _____

09h _____

10h _____

11h _____

12h _____

13h _____

14h _____

15h _____

*Ouça sua intuição: ela é o poder de Iemanjá que vive dentro de você!*

16h _____

17h _____

18h _____

ODU DO DIA *Ossá*

19h _____

20h _____

21h _____

ACESSE AS PREVISÕES DE HOJE

ANOTAÇÕES:

# 06

**SEGUNDA**

*Maio*

Aceite suas bênçãos: Oxalufã lhe permite renovar-se a cada manhã!

ODU DO DIA

*Ofun*

ACESSE AS PREVISÕES DE HOJE

| | 07h |
| --- | --- |
| | 08h |
| | 09h |
| | 10h |
| | 11h |
| | 12h |
| | 13h |
| | 14h |
| | 15h |
| | 16h |
| | 17h |
| | 18h |
| | 19h |
| | 20h |
| | 21h |

ANOTAÇÕES:

*Odu Ejiokô* NO ASPECTO *negativo*

ORIXÁ REGENTE: *Exu Eleguá*

☽ LUA MINGUANTE

*Maio*

# 07

## TERÇA

| | |
|---|---|
| 07h | |
| 08h | |
| 09h | |
| 10h | |
| 11h | |
| 12h | |
| 13h | |
| 14h | |
| 15h | |
| 16h | |
| 17h | |
| 18h | |
| 19h | |
| 20h | |
| 21h | |

No dia de hoje, que Exu lhe inspire com a certeza de novos caminhos em sua vida!

ODU DO DIA
*Ejiokô*

ACESSE AS
PREVISÕES
DE HOJE

ANOTAÇÕES:

# 08

**QUARTA**

*Odu Ogundá* NO ASPECTO *negativo*

ORIXÁ REGENTE: *Ogum*

● LUA NOVA

*Lua Vazia: 08/05 18:55h até 08/05 20:20h*

*Maio*

Vida longa, saúde e felicidade: que as bênçãos de Ogum lhe cubram por todo o dia!

ODU DO DIA **Ogundá**

ACESSE AS
PREVISÕES
DE HOJE

07h

08h

09h

10h

11h

12h

13h

14h

15h

16h

17h

18h

19h

20h

21h

ANOTAÇÕES:

*Odu Irossun* NO ASPECTO *positivo*

ORIXÁ REGENTE: *Iemanjá*

● LUA NOVA

*Maio*

# 09

QUINTA

| | |
|---|---|
| 07h | |
| 08h | |
| 09h | |
| 10h | |
| 11h | |
| 12h | |
| 13h | |
| 14h | |
| 15h | |

Acredite na força que há dentro de você! Iemanjá está no comando do seu destino!

| | |
|---|---|
| 16h | |
| 17h | |
| 18h | |

ODU DO DIA *Irossun*

| | |
|---|---|
| 19h | |
| 20h | |
| 21h | |

ANOTAÇÕES:

# 10

**SEXTA**

*Maio*

Agradeça, perdoe e não deseje o mal... E Oxumarê quem lhe protege das más influências!

ODU DO DIA
**Iká**

ACESSE AS PREVISÕES DE HOJE

| | |
|---|---|
| | 07h |
| | 08h |
| | 09h |
| | 10h |
| | 11h |
| | 12h |
| | 13h |
| | 14h |
| | 15h |
| | 16h |
| | 17h |
| | 18h |
| | 19h |
| | 20h |
| | 21h |

ANOTAÇÕES:

**Maio**

*Odu Obeogundá* NO ASPECTO *negativo*

ORIXÁ REGENTE: *Obá*

● LUA NOVA
*Lua Vazia: 10/05 22:48h até 11/05 00:12h*

# 11
## SÁBADO

07h _____

08h _____

09h _____

10h _____

11h _____

12h _____

13h _____

14h _____

15h _____

16h _____

17h _____

18h _____

19h _____

20h _____

21h _____

*No dia de hoje, que Obá cubra o seu lar e a sua família com a felicidade!*

ODU DO DIA
*Obeogundá*

ACESSE AS
PREVISÕES
DE HOJE

ANOTAÇÕES:

# 12

**DOMINGO**

*Odu Aláfia* NO ASPECTO *positivo*

<u>ORIXÁ REGENTE:</u> *Orunmilá*

● LUA NOVA

*Maio*

Você está no caminho certo! Deixe que Orunmilá guie seus passos e suas decisões!

ODU DO DIA
*Aláfia*

ACESSE AS
PREVISÕES
DE HOJE

07h

08h

09h

10h

11h

12h

13h

14h

15h

16h

17h

18h

19h

20h

21h

ANOTAÇÕES:

**Maio**

*Odu Ejiogbê* NO ASPECTO *positivo*

<u>ORIXÁ REGENTE:</u> *Xangô Airá*

● LUA NOVA

*Lua Vazia: 13/05 06:12h até 13/05 07:36h*

# 13
## SEGUNDA

Abolição da escravatura / Dia de Pretos Velhos

07h

08h

09h

10h

11h

12h

13h

14h

15h

16h

17h

18h

Que Xangô Airá lhe permita seguir em frente, pois a felicidade está chegando!

ODU DO DIA
*Ejiogbê*

19h

20h

21h

ACESSE AS
PREVISÕES
DE HOJE

ANOTAÇÕES:

# 14

**TERÇA**
Dia das Mães

*Odu Ossá* NO ASPECTO *negativo*

<u>ORIXÁ REGENTE:</u> *Iansã*

● LUA NOVA

*Maio*

Enquanto há esperança, há um caminho! Que Iansã lhe dê felicidade!

ODU DO DIA

*Ossá*

ACESSE AS
PREVISÕES
DE HOJE

07h

08h

09h

10h

11h

12h

13h

14h

15h

16h

17h

18h

19h

20h

21h

ANOTAÇÕES:

# Maio

*Odu Ofun* NO ASPECTO *positivo*

ORIXÁ REGENTE: *Oxalufã*

☾ LUA CRESCENTE

*Lua Vazia: 15/05 13:41h até 15/05 18:32h*

# 15

## QUARTA

Dia Internacional da Família

07h _____

08h _____

09h _____

10h _____

11h _____

12h _____

13h _____

14h _____

15h _____

16h _____

17h _____

18h _____

19h _____

20h _____

21h _____

*Receba as bênçãos de Oxalufã e permita-se ser feliz por existir: você merece!*

ODU DO DIA **Ofun**

ACESSE AS PREVISÕES DE HOJE

ANOTAÇÕES:

# 16

**QUINTA**

*Odu Ejíokô* NO ASPECTO *positivo*

ORIXÁ REGENTE: *Ogum*

☾ LUA CRESCENTE

*Maio*

Que a força de Ogum lhe torne capaz de confiar e amar a si e a todos ao seu redor!

ODU DO DIA **Ejíokô**

ACESSE AS
PREVISÕES
DE HOJE

07h

08h

09h

10h

11h

12h

13h

14h

15h

16h

17h

18h

19h

20h

21h

ANOTAÇÕES:

*Odu Ogundá* NO ASPECTO *positivo*

ORIXÁ REGENTE: *Ogum*

☾ LUA CRESCENTE

**Maio**

# 17
SEXTA

07h _____

08h _____

09h _____

10h _____

11h _____

12h _____

13h _____

14h _____

15h _____

16h _____

17h _____

18h _____

19h _____

20h _____

21h _____

Respire fundo e olhe para dentro de si; é lá que mora a força sagrada de Ogum!

ODU DO DIA *Ogundá*

ANOTAÇÕES:

# 18

**SÁBADO**

Erga a cabeça e siga em frente! No dia de hoje, é Iemanjá quem lhe guia!

ODU DO DIA

*Irossun*

ACESSE AS
PREVISÕES
DE HOJE

07h

08h

09h

10h

11h

12h

13h

14h

15h

16h

17h

18h

19h

20h

21h

ANOTAÇÕES:

*Maio*

*Odu Oxê* NO ASPECTO *negativo*

ORIXÁ REGENTE: *Oxum*

☾ LUA CRESCENTE
*Lua Vazia: 19/05 12:48h até 20/05 19:34h*

# 19
## DOMINGO

07h _____

08h _____

09h _____

10h _____

11h _____

12h _____

13h _____

14h _____

15h _____

16h _____

17h _____

18h _____

19h _____

20h _____

21h _____

ANOTAÇÕES:

*Nenhuma dor dura pra sempre! Que Oxum lhe acolha e conforte seu coração!*

ODU DO DIA

*Oxê*

ACESSE AS
PREVISÕES
DE HOJE

# 20

**SEGUNDA**

*Odu Obeogundá* NO ASPECTO *negativo*

ORIXÁ REGENTE: *Obá*

☾ LUA CRESCENTE
*Lua Vazia: 19/05 12:48h até 20/05 19:34h*

*Maio*

Que tal começar o dia sorrindo?
Deixe a força de Obá lhe inspirar
e guiar o seu destino!

ODU DO DIA
*Obeogundá*

ACESSE AS
PREVISÕES
DE HOJE

| | |
|---|---|
| | 07h |
| | 08h |
| | 09h |
| | 10h |
| | 11h |
| | 12h |
| | 13h |
| | 14h |
| | 15h |
| | 16h |
| | 17h |
| | 18h |
| | 19h |
| | 20h |
| | 21h |

ANOTAÇÕES:

**Maio**

*Odu Aláfia* NO ASPECTO *positivo*

ORIXÁ REGENTE: *Orunmilá*

☾ LUA CRESCENTE

# 21
## TERÇA

07h

08h

09h

10h

11h

12h

13h

14h

15h

16h

17h

18h

19h

20h

21h

*Já ouviu seu bater coração hoje? É Orunmilá dizendo que chegou a hora de vencer!*

ODU DO DIA *Aláfia*

ACESSE AS
PREVISÕES
DE HOJE

ANOTAÇÕES:

# 22

**QUARTA**

*Odu Ejiogbê* NO ASPECTO *positivo*

ORIXÁ REGENTE: *Xangô Airá*

☽ LUA CRESCENTE

*Maio*

Respire fundo e confie: Xangô Airá tem uma grande vitória guardada para você!

ODU DO DIA

*Ejiogbê*

ACESSE AS
PREVISÕES
DE HOJE

07h

08h

09h

10h

11h

12h

13h

14h

15h

16h

17h

18h

19h

20h

21h

ANOTAÇÕES:

**Maio**

*Odu Ossá* NO ASPECTO *positivo*

<u>ORIXÁ REGENTE:</u> *Iansã*

O LUA CHEIA
*Lua Vazia: 23/05 04:27h até 23/05 05:24h*

# 23
## QUINTA

07h

08h

09h

10h

11h

12h

13h

14h

15h

16h

17h

18h

19h

20h

21h

ANOTAÇÕES:

*Bons caminhos, boas conquistas e boas companhias: é Iansã quem lhe protege!*

ODU DO DIA
*Ossá*

ACESSE AS
PREVISÕES
DE HOJE

# 24

**SEXTA**

Dia da Santa Sarah Kali

*Odu Ofun* NO ASPECTO *positivo*

ORIXÁ REGENTE: *Oxalufã*

O LUA CHEIA

*Maio*

Agradeça e siga em frente! Oxalufã abrirá os seus caminhos para a vitória!

ODU DO DIA

*Ofun*

ACESSE AS PREVISÕES DE HOJE

| | |
|---|---|
| | 07h |
| | 08h |
| | 09h |
| | 10h |
| | 11h |
| | 12h |
| | 13h |
| | 14h |
| | 15h |
| | 16h |
| | 17h |
| | 18h |
| | 19h |
| | 20h |
| | 21h |

ANOTAÇÕES:

*Odu Ejíokô* NO ASPECTO *positivo*

<u>ORIXÁ REGENTE:</u> *Ibeji*

O LUA CHEIA
*Lua Vazia: 25/05 11:47h até 25/05 12:35h*

# 25
## SÁBADO
Dia da África / Dia Internacional da Adoção

*Maio*

07h

08h

09h

10h

11h

12h

13h

14h

15h

16h

17h

18h

19h

20h

21h

Olhe para os céus e ouça a voz de Ibeji dizendo: você é capaz de transformar a sua vida!

ODU DO DIA: *Ejíokô*

ACESSE AS
PREVISÕES
DE HOJE

ANOTAÇÕES:

# 26

**DOMINGO**

*Odu Ogundá* NO ASPECTO *positivo*

<u>ORIXÁ REGENTE:</u> *Ogum*

O LUA CHEIA

*Maio*

Um novo sol raiou... Que Ogum abençoe e proteja o seu dia!

ODU DO DIA *Ogundá*

ACESSE AS
PREVISÕES
DE HOJE

| | |
|---|---|
| | 07h |
| | 08h |
| | 09h |
| | 10h |
| | 11h |
| | 12h |
| | 13h |
| | 14h |
| | 15h |
| | 16h |
| | 17h |
| | 18h |
| | 19h |
| | 20h |
| | 21h |

ANOTAÇÕES:

**Maio**

*Odu Irossun* NO ASPECTO *positivo*

<u>ORIXÁ REGENTE:</u> *Iemanjá*

O LUA CHEIA
*Lua Vazia: 27/05 17:01h até 27/05 17:44h*

# 27
## SEGUNDA

07h
_____

08h
_____

09h
_____

10h
_____

11h
_____

12h
_____

13h
_____

14h
_____

15h
_____

16h
_____

17h
_____

18h
_____

19h
_____

20h
_____

21h
_____

*Felicidade e prosperidade: estas são as promessas de Iemanjá para o seu dia!*

ODU DO DIA *Irossun*

ACESSE AS
PREVISÕES
DE HOJE

ANOTAÇÕES:

# 28

**TERÇA**

*Maio*

*Pelo dia de hoje, que Exu lhe provoque... e que Oxum lhe abençoe!*

ODU DO DIA

*Oxê*

ACESSE AS
PREVISÕES
DE HOJE

07h

08h

09h

10h

11h

12h

13h

14h

15h

16h

17h

18h

19h

20h

21h

ANOTAÇÕES:

*Odu Obará* NO ASPECTO *negativo*

<u>ORIXÁ REGENTE:</u> *Xangô*

O LUA CHEIA
*Lua Vazia: 29/05 11:19h até 29/05 21:32h*

**Maio**

# 29
## QUARTA

07h _____

08h _____

09h _____

10h _____

11h _____

12h _____

13h _____

14h _____

15h _____

16h _____

17h _____

18h _____

19h _____

20h _____

21h _____

*Nas encruzilhadas da vida, que Exu guie os seus passos e abençoe o seu caminho!*

ODU DO DIA *Obará*

ACESSE AS
PREVISÕES
DE HOJE

ANOTAÇÕES:

# 30

## QUINTA

Dia de Santa Joana d'Arc / Dia de Obá / Corpus Christi / Dia de Oxóssi

Se os olhos são o espelho da alma, que Orunmilá faça os seus brilharem de alegria!

ODU DO DIA **Aláfia**

07h

08h

09h

10h

11h

12h

13h

14h

15h

16h

17h

18h

19h

20h

21h

ACESSE AS
PREVISÕES
DE HOJE

ANOTAÇÕES:

**Maio**

*Odu Ejionilé* NO ASPECTO *negativo*

<u>ORIXÁ REGENTE:</u> *Oxoguiã*

☽ LUA MINGUANTE

*Lua Vazia: 31/05 23:54h até 01/06 00:28h*

# 31
## SEXTA

07h _____

08h _____

09h _____

10h _____

11h _____

12h _____

13h _____

14h _____

15h _____

16h _____

17h _____

18h _____

19h _____

20h _____

21h _____

ANOTAÇÕES:

*Meu maior desejo? Que Oxoguiã lhe faça capaz de agir e mudar o seu destino!*

ODU DO DIA
*Ejionilé*

ACESSE AS
PREVISÕES
DE HOJE

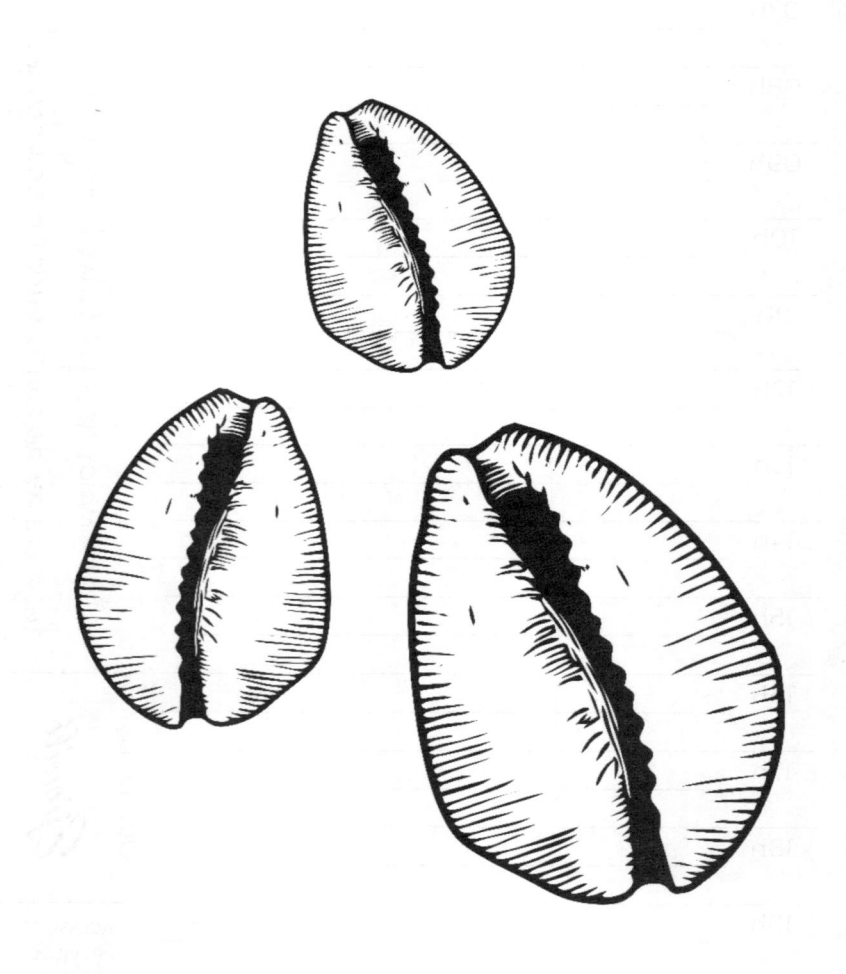

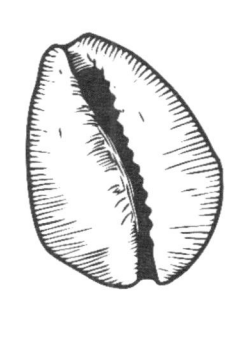
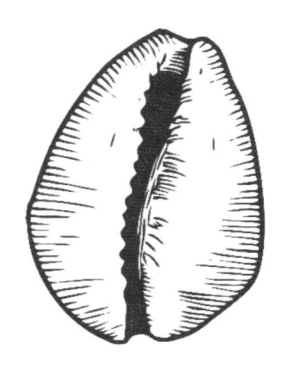

# JUNHO

## ODU DO MÊS: IKÁ

Nem início, nem fim: viver é um eterno recomeço

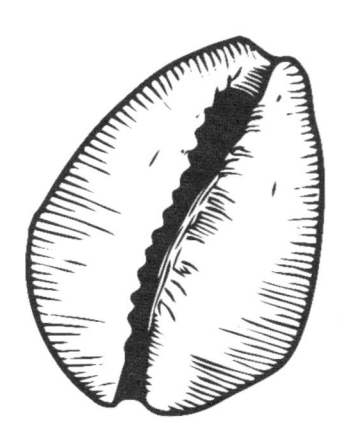

# PREVISÕES PARA JUNHO

A influência do **Odu Iká**, o caminho das revoluções e transformações, sinaliza **um novo ciclo que se desenha em sua vida**. Este período traz **contrastes em relação aos seus objetivos**: aqueles que foram cuidadosamente planejados e dedicados nos meses anteriores encontrarão a realização, enquanto os adiados serão abandonados ou exigirão renovação, demandando que você os reinicie e trace novas estratégias para a concretização.

A regência de Odu Iká também enfatiza a **importância da coragem e do controle em meio a situações tumultuadas**, que provavelmente serão mais intensas. A vida é preciosa, mas isso não é isenta de desafios. Enfrentando os medos e superando os obstáculos com sabedoria, **você descobrirá novas forças e habilidades dentro de si**, promovendo crescimento pessoal e espiritual.

No entanto, é crucial exercer cautela, pois **Odu Iká** também evoca situações de **violência, agressão física, revolta e conquista pela força**. Isso pode se manifestar **tanto nas relações pessoais quanto nas profissionais**. Portanto, é fundamental estar consciente de suas palavras e ações para evitar conflitos. Quando as tensões aumentarem, respire fundo, deixe o orgulho de lado e afaste-se, pois, como diz o ditado, *"quando um não quer, dois não brigam."*

Apesar dos desafios, este mês apresenta oportunidades positivas, como **ganhos financeiros e o início de ciclos de conquista de bens materiais, como novos empregos, projetos ou até a criação de uma empresa**. Para consolidar essas situações, observe as energias dos meses anteriores e considere como você tem se preparado até aqui. Que tal aproveitar esse momento e potencializar seus dons com os **Incensos Energia e Coragem** da Casa Arole? Acesse **www.casaarole.com.br** e descubra a coleção completa!

**Junho**

*Odu Obeogundá* NO ASPECTO *negativo*

ORIXÁ REGENTE: *Obá*

☽ LUA MINGUANTE
*Lua Vazia: 31/05 23:54h até 01/06 00:28h*

# 01
## SÁBADO

07h _____

08h _____

09h _____

10h _____

11h _____

12h _____

13h _____

14h _____

15h _____

16h _____

17h _____

18h _____

19h _____

20h _____

21h _____

ANOTAÇÕES:

No dia de hoje, que Obá cubra o seu lar e a sua família com a felicidade!

ODU DO DIA
*Obeogundá*

ACESSE AS
PREVISÕES
DE HOJE

# 02

## DOMINGO

*Que neste dia que se anuncia, Orunmilá abençoe e proteja você e quem você ama!*

ODU DO DIA

*Aláfia*

ACESSE AS
PREVISÕES
DE HOJE

07h

08h

09h

10h

11h

12h

13h

14h

15h

16h

17h

18h

19h

20h

21h

ANOTAÇÕES:

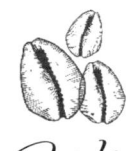

*Odu Ejionilé* NO ASPECTO *negativo*

ORIXÁ REGENTE: *Oxoguiã*

☾ LUA MINGUANTE

*Lua Vazia: 02/06 19:03h até 03/06 02:55h*

**Junho**

# 03
## SEGUNDA

07h _____

08h _____

09h _____

10h _____

11h _____

12h _____

13h _____

14h _____

15h _____

16h _____

17h _____

18h _____

19h _____

20h _____

21h _____

ANOTAÇÕES: _____

*Não há caminhos fechados para quem tem fé e gratidão! Confie em Oxoguiã!*

ODU DO DIA *Ejionilé*

ACESSE AS PREVISÕES DE HOJE

# 04

**TERÇA**

Que neste dia, Iyewá abençoe os seus desejos com confiança e felicidade!

ODU DO DIA

**Ossá**

ACESSE AS PREVISÕES DE HOJE

07h

08h

09h

10h

11h

12h

13h

14h

15h

16h

17h

18h

19h

20h

21h

ANOTAÇÕES:

*Junho*

*Odu Ofun* NO ASPECTO *negativo*

ORIXÁ REGENTE: *Oxalufã*

☽ LUA MINGUANTE

*Lua Vazia: 05/06 05:08h até 05/06 05:36h*

# 05
## QUARTA

Dia Mundial do Meio Ambiente e da Ecologia

07h _____

08h _____

09h _____

10h _____

11h _____

12h _____

13h _____

14h _____

15h _____

16h _____

17h _____

18h _____

19h _____

20h _____

21h _____

Nenhuma dor dura pra sempre!
Que Oxalufã lhe acolha e conforte
o seu coração!

ODU DO DIA *Ofun*

ACESSE AS
PREVISÕES
DE HOJE

ANOTAÇÕES:

# 06

**QUINTA**

*Odu Ejíokô* NO ASPECTO *positivo*

<u>ORIXÁ REGENTE:</u> *Ogum*

● LUA NOVA

*Junho*

Dia de Celebração ao Odu Obará

É nos pequenos sinais do universo que Ogum se manifesta, permita-se enxergá-los!

ODU DO DIA

*Ejíokô*

ACESSE AS PREVISÕES DE HOJE

07h

08h

09h

10h

11h

12h

13h

14h

15h

16h

17h

18h

19h

20h

21h

ANOTAÇÕES:

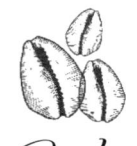

**Junho**

*Odu Ogundá* NO ASPECTO *negativo*

<u>ORIXÁ REGENTE:</u> *Ogum*

● LUA NOVA

*Lua Vazia: 07/06 09:15h até 07/06 09:40h*

# 07
## SEXTA

| | |
|---|---|
| 07h | |
| 08h | |
| 09h | |
| 10h | |
| 11h | |
| 12h | |
| 13h | |
| 14h | |
| 15h | |
| 16h | |
| 17h | |
| 18h | |
| 19h | |
| 20h | |
| 21h | |

*Persista! É Ogum quem está trilhando os seus passos para o sucesso!*

ODU DO DIA **Ogundá**

ACESSE AS PREVISÕES DE HOJE

ANOTAÇÕES:

# 08

**SÁBADO**

*Junho*

Respire fundo e confie: Iemanjá tem uma grande vitória guardada para você!

ODU DO DIA

*Irossun*

ACESSE AS
PREVISÕES
DE HOJE

| | |
|---|---|
| | 07h |
| | 08h |
| | 09h |
| | 10h |
| | 11h |
| | 12h |
| | 13h |
| | 14h |
| | 15h |
| | 16h |
| | 17h |
| | 18h |
| | 19h |
| | 20h |
| | 21h |

ANOTAÇÕES:

**Junho**

*Odu Oxê* NO ASPECTO *positivo*

<u>ORIXÁ REGENTE:</u> *Oxum*

● LUA NOVA
*Lua Vazia: 09/06 16:05h até 09/06 16:28h*

# 09
## DOMINGO

07h

08h

09h

10h

11h

12h

13h

14h

15h

16h

17h

18h

19h

20h

21h

*Pelo dia de hoje, que Exu lhe provoque... e que Oxum lhe abençoe!*

ODU DO DIA

*Oxê*

ACESSE AS
PREVISÕES
DE HOJE

ANOTAÇÕES:

# 10

**SEGUNDA**

Abra o coração e agradeça: Obá é quem trará equilíbrio para as suas escolhas!

ODU DO DIA

*Obeogundá*

ACESSE AS
PREVISÕES
DE HOJE

07h

08h

09h

10h

11h

12h

13h

14h

15h

16h

17h

18h

19h

20h

21h

ANOTAÇÕES:

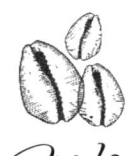

**Junho**

*Odu Aláfia* NO ASPECTO *negativo*

ORIXÁ REGENTE: *Orunmilá*

● LUA NOVA

*Lua Vazia: 11/06 16:16h até 12/06 02:38h*

# 11
## TERÇA

07h

08h

09h

10h

11h

12h

13h

14h

15h

16h

17h

18h

19h

20h

21h

*Depois de toda tempestade, vem a bonança. Até lá, que Orunmilá lhe acolha e lhe abençoe!*

ODU DO DIA *Aláfia*

ACESSE AS PREVISÕES DE HOJE

ANOTAÇÕES:

# 12

**QUARTA**
Dia dos Namorados

*Odu Ejionilé* NO ASPECTO *negativo*

<u>ORIXÁ REGENTE:</u> *Xangô Airá*

● LUA NOVA
*Lua Vazia: 11/06 16:16h até 12/06 02:38h*

*Junho*

Que a força de Xangô Airá lhe torne capaz de confiar e amar a si e a todos ao seu redor!

ODU DO DIA
*Ejionilé*

ACESSE AS PREVISÕES DE HOJE

07h

08h

09h

10h

11h

12h

13h

14h

15h

16h

17h

18h

19h

20h

21h

ANOTAÇÕES:

**Junho**

*Odu Ossá* NO ASPECTO *negativo*

ORIXÁ REGENTE: *Obá*

● LUA NOVA

# 13

## QUINTA

Dia de Santo Antônio / Dia do Orixá Exu

07h

08h

09h

10h

11h

12h

13h

14h

15h

16h

17h

18h

19h

20h

21h

*Ouça sua intuição: ela é o poder de Obá que vive dentro de você!*

ODU DO DIA

*Ossá*

ACESSE AS PREVISÕES DE HOJE

ANOTAÇÕES:

# 14

**SEXTA**

*Junho*

Meu maior desejo? Que Oxalufã lhe faça capaz de agir e mudar o seu destino!

07h

08h

09h

10h

11h

12h

13h

14h

15h

16h

17h

18h

19h

20h

21h

ODU DO DIA
*Ofun*

ACESSE AS
PREVISÕES
DE HOJE

ANOTAÇÕES:

*Odu Ejiokô* NO ASPECTO *positivo*

ORIXÁ REGENTE: *Ibeji*

☾ LUA CRESCENTE

# Junho

# 15

## SÁBADO

07h _____

08h _____

09h _____

10h _____

11h _____

12h _____

13h _____

14h _____

15h _____

16h _____

17h _____

18h _____

19h _____

20h _____

21h _____

*De agora em diante e por todo o sempre, que Ibeji lhe dê força e coragem para vencer!*

ODU DO DIA

*Ejiokô*

ACESSE AS PREVISÕES DE HOJE

ANOTAÇÕES:

# 16

## DOMINGO

Dia da Criança Africana

Sorria, apesar da noite escura, um novo sol raiou! Deixe Ogum transformar o seu dia!

ODU DO DIA

*Ogundá*

ACESSE AS
PREVISÕES
DE HOJE

07h

08h

09h

10h

11h

12h

13h

14h

15h

16h

17h

18h

19h

20h

21h

ANOTAÇÕES:

# Junho

*Odu Irossun* NO ASPECTO *positivo*

<u>ORIXÁ REGENTE:</u> *Iemanjá*

☽ LUA CRESCENTE

*Lua Vazia: 17/06 03:05h até 17/06 03:37h*

# 17
## SEGUNDA

07h _____

08h _____

09h _____

10h _____

11h _____

12h _____

13h _____

14h _____

15h _____

*Receba as bênçãos de Iemanjá e permita-se ser feliz: você merece!*

16h _____

17h _____

18h _____

ODU DO DIA *Irossun*

19h _____

20h _____

21h _____

ACESSE AS
PREVISÕES
DE HOJE

ANOTAÇÕES:

# 18
**TERÇA**

*Odu Oxê* NO ASPECTO *positivo*

ORIXÁ REGENTE: *Oxum*

☾ LUA CRESCENTE

*Junho*

Que Oxum lhe permita amadurecer com os desafios do destino!

ODU DO DIA

*Oxê*

ACESSE AS
PREVISÕES
DE HOJE

07h

08h

09h

10h

11h

12h

13h

14h

15h

16h

17h

18h

19h

20h

21h

ANOTAÇÕES:

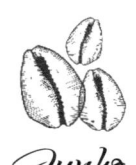

**Junho**

*Odu Obará* NO ASPECTO *positivo*

ORIXÁ REGENTE: *Logunedé*

☽ LUA CRESCENTE

*Lua Vazia: 19/06 13:18h até 19/06 13:31h*

# 19
## QUARTA

07h _____

08h _____

09h _____

10h _____

11h _____

12h _____

13h _____

14h _____

15h _____

16h _____

17h _____

18h _____

19h _____

20h _____

21h _____

*Paz, sucesso e felicidade: esta é a profecia que Logunedé realizará no seu dia!*

ODU DO DIA *Obará*

ACESSE AS PREVISÕES DE HOJE

ANOTAÇÕES:

# 20

**QUINTA**

*Odu Aláfia* NO ASPECTO *positivo*

ORIXÁ REGENTE: *Orunmilá*

☾ LUA CRESCENTE

*Junho*

Agradeça, perdoe e não deseje o mal...
É Orunmilá quem lhe protege
das más influências!

ODU DO DIA *Aláfia*

ACESSE AS
PREVISÕES
DE HOJE

07h

08h

09h

10h

11h

12h

13h

14h

15h

16h

17h

18h

19h

20h

21h

ANOTAÇÕES:

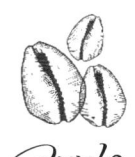

*Odu Ejiogbê* NO ASPECTO *positivo*

ORIXÁ REGENTE: *Oxoguiã*

O LUA CHEIA
*Lua Vazia: 21/06 19:58h até 21/06 20:08h*

**Junho**

# 21
## SEXTA
Início do Inverno

07h _____

08h _____

09h _____

10h _____

11h _____

12h _____

13h _____

14h _____

15h _____

16h _____

17h _____

18h _____

19h _____

20h _____

21h _____

ANOTAÇÕES:

*Fé acima de tudo e apesar de tudo! Tenha certeza: Oxoguiã é por você!*

ODU DO DIA *Ejiogbê*

ACESSE AS
PREVISÕES
DE HOJE

# 22

**SÁBADO**

*Por hoje e todo o sempre, que Obá guie seus passos e abra os seus caminhos!*

ODU DO DIA

*Ossá*

ACESSE AS
PREVISÕES
DE HOJE

07h

08h

09h

10h

11h

12h

13h

14h

15h

16h

17h

18h

19h

20h

21h

ANOTAÇÕES:

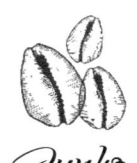

*Odu Ofun* NO ASPECTO *positivo*

ORIXÁ REGENTE: *Oxalufã*

O LUA CHEIA

**Junho**

# 23

## DOMINGO

07h _____

08h _____

09h _____

10h _____

11h _____

12h _____

13h _____

14h _____

15h _____

16h _____

17h _____

18h _____

19h _____

20h _____

21h _____

ANOTAÇÕES:

*Nas encruzilhadas da vida, que Exu guie os seus passos e abençoe o seu caminho!*

ODU DO DIA **Ofun**

ACESSE AS PREVISÕES DE HOJE

# 24

**SEGUNDA**

Dia de São João / Dia de Xangô

*Junho*

*As palavras de Ibeji são certeiras: seus caminhos lhe guiarão para a vitória!*

ODU DO DIA
**Ejiokô**

ACESSE AS
PREVISÕES
DE HOJE

07h

08h

09h

10h

11h

12h

13h

14h

15h

16h

17h

18h

19h

20h

21h

ANOTAÇÕES:

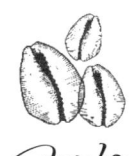

# Junho

**Odu Ogundá** NO ASPECTO *negativo*

<u>ORIXÁ REGENTE:</u> *Ogum*

O LUA CHEIA
*Lua Vazia: 25/06 19:29h até 26/06 03:07h*

# 25
## TERÇA

07h

08h

09h

10h

11h

12h

13h

14h

15h

16h

17h

18h

19h

20h

21h

*Erga a cabeça e siga em frente! No dia de hoje, é Ogum quem lhe guia!*

ODU DO DIA
*Ogundá*

ACESSE AS
PREVISÕES
DE HOJE

ANOTAÇÕES:

# 26

**QUARTA**

*Odu Irossun* NO ASPECTO *negativo*

ORIXÁ REGENTE: *Iemanjá*

O LUA CHEIA
*Lua Vazia: 25/06 19:29h até 26/06 03:07h*

*Junho*

Você está no caminho certo! Deixe que Iemanjá guie seus passos e suas decisões!

ODU DO DIA *Irossun*

ACESSE AS PREVISÕES DE HOJE

07h

08h

09h

10h

11h

12h

13h

14h

15h

16h

17h

18h

19h

20h

21h

ANOTAÇÕES:

*Odu Oxê* NO ASPECTO *positivo*

ORIXÁ REGENTE: *Oxum*

O LUA CHEIA

## Junho

# 27
## QUINTA

07h _____

08h _____

09h _____

10h _____

11h _____

12h _____

13h _____

14h _____

15h _____

16h _____

17h _____

18h _____

19h _____

20h _____

21h _____

ANOTAÇÕES:

*Um novo sol raiou... Que Oxum abençoe e proteja o seu dia!*

ODU DO DIA

*Oxê*

ACESSE AS
PREVISÕES
DE HOJE

# 28
**SEXTA**

*Odu Obará* NO ASPECTO *negativo*

<u>ORIXÁ REGENTE:</u> *Xangô*

☽ **LUA MINGUANTE**
*Lua Vazia: 28/06 05:44h até 28/06 05:51h*

*Junho*

Quando tudo parecer perdido, que Xangô seja a luz da esperança a lhe guiar!

**ODU DO DIA**
*Obará*

ACESSE AS PREVISÕES DE HOJE

07h

08h

09h

10h

11h

12h

13h

14h

15h

16h

17h

18h

19h

20h

21h

ANOTAÇÕES:

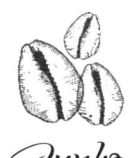

*Odu Odi* NO ASPECTO *negativo*

ORIXÁ REGENTE: *Ogum*

☽ LUA MINGUANTE

*Junho*

# 29

## SÁBADO

Dia de São Pedro / Dia de Xangô

07h _____

08h _____

09h _____

10h _____

11h _____

12h _____

13h _____

14h _____

15h _____

Respire fundo e olhe para dentro de si: é lá que mora a força de Ogum!

16h _____

17h _____

18h _____

ODU DO DIA *Odi*

19h _____

20h _____

21h _____

ACESSE AS PREVISÕES DE HOJE

ANOTAÇÕES:

# 30

**DOMINGO**

*Odu Ejionilé* NO ASPECTO *negativo*

<u>ORIXÁ REGENTE:</u> *Oxoguiã*

☽ **LUA MINGUANTE**

*Lua Vazia: 30/06 01:56h até 30/06 09:01h*

*Junho*

Oxoguiã já determinou e hoje é o seu dia de vencer! Confie: a felicidade chegando!

ODU DO DIA

*Ejionilé*

ACESSE AS
PREVISÕES
DE HOJE

07h

08h

09h

10h

11h

12h

13h

14h

15h

16h

17h

18h

19h

20h

21h

ANOTAÇÕES:

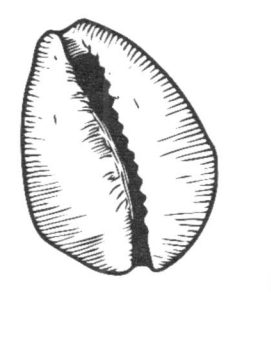
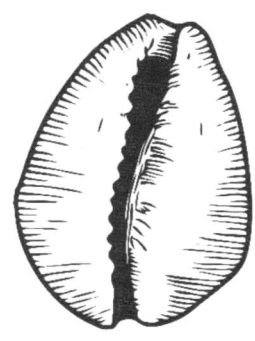

# JULHO

## ODU DO MÊS: OBEOGUNDÁ

A força que movimenta é a mesma que paralisa

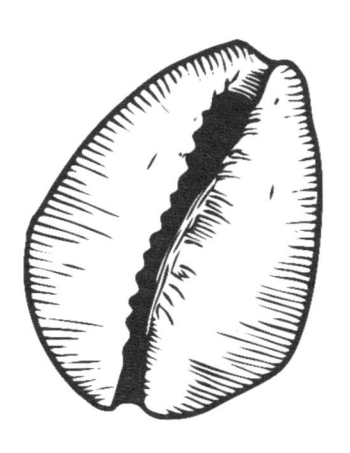

# Previsões para Julho

Sob a regência do **Odu Obeogundá**, este mês revela-se como **um caminho de extremos e excessos**, onde as paixões arrebatadoras, a cólera incontrolável e a frustração por não ver seus desejos realizados são protagonistas. **Este período é um dos mais intensos e potencialmente perigosos do ano**, onde as emoções assumem o controle, frequentemente silenciando a razão.

Exercitar **cautela em sua comunicação**, verbal ou não verbal, é fundamental, pois os sentimentos de ciúmes, inveja, palavras ríspidas e discussões acaloradas permeiam todas as suas relações, especialmente as amorosas. **Manter o equilíbrio emocional** é de extrema importância, uma vez que **a angústia e a tristeza podem bater à sua porta**.

Nesse cenário, é essencial valorizar seus próprios desejos e necessidades, colocando-se como prioridade, mas também **compreender que nem sempre é possível obter imediatamente o que deseja**. A intensidade do **Odu Obeogundá** pode despertar aspectos de egoísmo e agressividade mesmo nas almas mais pacíficas e altruístas, tornando a **autoconsciência e o controle de seus instintos** vitais para manter o equilíbrio durante este período.

Para alcançar essa estabilidade, **busque a paz interior, medite, relaxe e desfrute de atividades ao ar livre que acalmem seus ânimos**. Evite situações que gerem pressão psicológica e busque auxílio para reconhecer e receber a ajuda disponível, abandonando o orgulho e entendendo a importância de se apoiar nos outros. **Consultar o Jogo de Búzios e realizar rituais como o** *boori* **ou oferendas a Ori** também pode ser benéfico. Além disso, banhos de lavanda, *ori pepe* e folha-de-colônia, da cabeça aos pés, uma vez por semana, podem contribuir para o seu equilíbrio emocional.

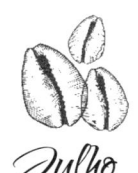

*Odu Aláfia* NO ASPECTO *negativo*

ORIXÁ REGENTE: *Orunmilá*

☽ LUA MINGUANTE

# 01
## SEGUNDA

07h

08h

09h

10h

11h

12h

13h

14h

15h

16h

17h

18h

19h

20h

21h

*Julho*

*Nas encruzilhadas da vida, que Exu guie os seus passos e abençoe o seu caminho!*

ODU DO DIA
*Aláfia*

ACESSE AS
PREVISÕES
DE HOJE

ANOTAÇÕES:

# 02

**TERÇA**

*Julho*

Que Oxoguiã lhe permita amadurecer com os desafios do destino!

ODU DO DIA
*Ejionilê*

ACESSE AS
PREVISÕES
DE HOJE

| | |
|---|---|
| | 07h |
| | 08h |
| | 09h |
| | 10h |
| | 11h |
| | 12h |
| | 13h |
| | 14h |
| | 15h |
| | 16h |
| | 17h |
| | 18h |
| | 19h |
| | 20h |
| | 21h |

ANOTAÇÕES:

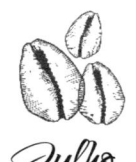

**Julho**

*Odu Ossá* NO ASPECTO *negativo*

ORIXÁ REGENTE: *Obá*

☾ LUA MINGUANTE

# 03

## QUARTA

07h _____

08h _____

09h _____

10h _____

11h _____

12h _____

13h _____

14h _____

15h _____

16h _____

17h _____

18h _____

19h _____

20h _____

21h _____

*Persista! É Obá quem está trilhando os seus passos para o sucesso!*

ODU DO DIA

*Ossá*

ACESSE AS
PREVISÕES
DE HOJE

ANOTAÇÕES:

# 04

**QUINTA**

Receba as bênçãos de Oxalufã e permita-se ser feliz: você merece!

ODU DO DIA
*Ofun*

ACESSE AS
PREVISÕES
DE HOJE

07h

08h

09h

10h

11h

12h

13h

14h

15h

16h

17h

18h

19h

20h

21h

ANOTAÇÕES:

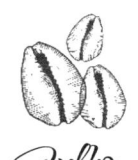

*Odu Ejiokô* NO ASPECTO *positivo*

ORIXÁ REGENTE: *Ogum*

● LUA NOVA

*Julho*

# 05

SEXTA

07h _____

08h _____

09h _____

10h _____

11h _____

12h _____

13h _____

14h _____

15h _____

16h _____

17h _____

18h _____

19h _____

20h _____

21h _____

Meu maior desejo? Que Ogum lhe faça capaz de agir e mudar o seu destino!

ODU DO DIA
*Ejiokô*

ACESSE AS PREVISÕES DE HOJE

ANOTAÇÕES:

# 06

## SÁBADO

Acredite na força que há dentro de você!
Ogum está no comando do seu destino!

ODU DO DIA
*Ogundá*

07h

08h

09h

10h

11h

12h

13h

14h

15h

16h

17h

18h

19h

20h

21h

ACESSE AS
PREVISÕES
DE HOJE

ANOTAÇÕES:

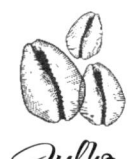

**Julho**

*Odu Irossun* NO ASPECTO *positivo*

ORIXÁ REGENTE: *Iemanjá*

● LUA NOVA

*Lua Vazia: 07/07 00:47h até 07/07 00:55h*

# 07

DOMINGO

07h

08h

09h

10h

11h

12h

13h

14h

15h

*Ouça sua intuição: ela é o poder de Iemanjá que vive dentro de você!*

16h

17h

18h

ODU DO DIA: *Irossun*

19h

20h

21h

ACESSE AS PREVISÕES DE HOJE

ANOTAÇÕES:

# 08
## SEGUNDA

*Odu Oxê* NO ASPECTO *positivo*

<u>ORIXÁ REGENTE:</u> *Oxum*

● LUA NOVA

*Julho*

*Não há caminhos fechados para quem confia em Oxum com fé e coragem!*

ACESSE AS PREVISÕES DE HOJE

ODU DO DIA

*Oxé*

| | |
|---|---|
| | 07h |
| | 08h |
| | 09h |
| | 10h |
| | 11h |
| | 12h |
| | 13h |
| | 14h |
| | 15h |
| | 16h |
| | 17h |
| | 18h |
| | 19h |
| | 20h |
| | 21h |

ANOTAÇÕES:

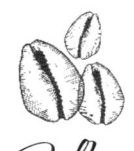

**Julho**

*Odu Obará* NO ASPECTO *negativo*

ORIXÁ REGENTE: *Xangô*

● LUA NOVA

*Lua Vazia: 09/07 03:03h até 09/07 10:47h*

# 09
## TERÇA

07h _____

08h _____

09h _____

10h _____

11h _____

12h _____

13h _____

14h _____

15h _____

16h _____

17h _____

18h _____

19h _____

20h _____

21h _____

*Um novo sol raiou... Que Xangô abençoe e proteja o seu dia!*

ODU DO DIA *Obará*

ACESSE AS PREVISÕES DE HOJE

ANOTAÇÕES:

# 10

**QUARTA**

Depois de toda tempestade, vem a bonança. Até lá, que Orunmilá lhe acolha e lhe abençoe!

ODU DO DIA
*Aláfia*

ACESSE AS
PREVISÕES
DE HOJE

07h

08h

09h

10h

11h

12h

13h

14h

15h

16h

17h

18h

19h

20h

21h

ANOTAÇÕES:

**Julho**

*Odu Ejíogbê* NO ASPECTO *positivo*

ORIXÁ REGENTE: *Xangô Airá*

● LUA NOVA

*Lua Vazia: 11/07 22:54h até 11/07 23:06h*

# 11
## QUINTA

07h _____

08h _____

09h _____

10h _____

11h _____

12h _____

13h _____

14h _____

15h _____

*Se os olhos são o espelho da alma, que Xangô Airá faça os seus brilharem de alegria!*

16h _____

17h _____

18h _____

ODU DO DIA **Ejíogbê**

19h _____

20h _____

21h _____

ACESSE AS PREVISÕES DE HOJE

ANOTAÇÕES:

# 12

**SEXTA**

*Julho*

Agradeça, perdoe e não deseje o mal... É Obá quem lhe protege das más influências!

ODU DO DIA
*Ossá*

ACESSE AS
PREVISÕES
DE HOJE

07h

08h

09h

10h

11h

12h

13h

14h

15h

16h

17h

18h

19h

20h

21h

ANOTAÇÕES:

# Julho

**Odu Ofun** NO ASPECTO *negativo*

ORIXÁ REGENTE: *Oxalufã*

☾ LUA CRESCENTE
*Lua Vazia: 13/07 19:48h até 14/07 11:52h*

# 13
## SÁBADO

| | |
|---|---|
| 07h | |
| 08h | |
| 09h | |
| 10h | |
| 11h | |
| 12h | |
| 13h | |
| 14h | |
| 15h | |
| 16h | |
| 17h | |
| 18h | |
| 19h | |
| 20h | |
| 21h | |

*Que tal começar o dia sorrindo? Deixe a força de Oxalufã lhe inspirar e guiar o seu destino!*

ODU DO DIA
*Ofun*

ACESSE AS
PREVISÕES
DE HOJE

ANOTAÇÕES:

# 14

**DOMINGO**

*Odu Ejiokô* NO ASPECTO *negativo*

<u>ORIXÁ REGENTE:</u> *Exu Eleguá*

☽ **LUA CRESCENTE**

*Lua Vazia: 13/07 19:48h até 14/07 11:52h*

*Julho*

No dia de hoje, que Exu Eleguá lhe dê a sabedoria das boas escolhas!

**ODU DO DIA**

*Ejiokô*

07h

08h

09h

10h

11h

12h

13h

14h

15h

16h

17h

18h

ACESSE AS
PREVISÕES
DE HOJE

19h

20h

21h

ANOTAÇÕES:

*Odu Ogundá* NO ASPECTO *positivo*

ORIXÁ REGENTE: *Ogum*

☽ LUA CRESCENTE

# 15

## SEGUNDA

07h _____

08h _____

09h _____

10h _____

11h _____

12h _____

13h _____

14h _____

15h _____

16h _____

17h _____

18h _____

19h _____

20h _____

21h _____

ANOTAÇÕES:

Abra o coração e agradeça: Ogum é quem trará equilíbrio para as suas escolhas!

ODU DO DIA
*Ogundá*

ACESSE AS PREVISÕES DE HOJE

# 16

**TERÇA**

*Julho*

Sorria: apesar da noite escura, um novo sol raiou! Deixe Iemanjá transformar o seu dia!

ODU DO DIA

*Irossun*

ACESSE AS PREVISÕES DE HOJE

| | |
|---|---|
| | 07h |
| | 08h |
| | 09h |
| | 10h |
| | 11h |
| | 12h |
| | 13h |
| | 14h |
| | 15h |
| | 16h |
| | 17h |
| | 18h |
| | 19h |
| | 20h |
| | 21h |

ANOTAÇÕES:

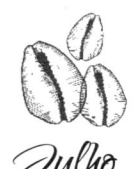

*Odu Oxê* NO ASPECTO *positivo*

ORIXÁ REGENTE: *Oxum*

☽ LUA CRESCENTE

**Julho**

# 17
## QUARTA

07h _____

08h _____

09h _____

10h _____

11h _____

12h _____

13h _____

14h _____

15h _____

16h _____

17h _____

18h _____

19h _____

20h _____

21h _____

*Pelo dia de hoje, que Exu lhe provoque... e que Oxum lhe abençoe!*

ODU DO DIA

*Oxê*

ACESSE AS PREVISÕES DE HOJE

ANOTAÇÕES:

# 18

QUINTA

Fé, força de vontade e paz no coração: esta é a promessa de Logunedé para o seu dia!

ODU DO DIA

*Obará*

ACESSE AS PREVISÕES DE HOJE

07h

08h

09h

10h

11h

12h

13h

14h

15h

16h

17h

18h

19h

20h

21h

ANOTAÇÕES:

**Julho**

*Odu Odí* NO ASPECTO *positivo*

<u>ORIXÁ REGENTE:</u> *Ossaín*

☽ LUA CRESCENTE
*Lua Vazia: 19/07 04:58h até 19/07 05:13h*

# 19
## SEXTA

07h _____

08h _____

09h _____

10h _____

11h _____

12h _____

13h _____

14h _____

15h _____

16h _____

17h _____

18h _____

19h _____

20h _____

21h _____

*Acredite: Ossaín lhe dará a sabedoria necessária para evoluir e vencer!*

ODU DO DIA

*Odí*

ACESSE AS
PREVISÕES
DE HOJE

ANOTAÇÕES:

# 20

**SÁBADO**

*Odu Ejiogbê* NO ASPECTO *positivo*
<u>ORIXÁ REGENTE:</u> *Xangô Airá*
☾ **L**UA **C**RESCENTE

*Julho*

Você está no caminho certo! Deixe que Xangô Airá guie os seus passos e as suas decisões!

ODU DO DIA

*Ejiogbê*

| | |
|---|---|
| | 07h |
| | 08h |
| | 09h |
| | 10h |
| | 11h |
| | 12h |
| | 13h |
| | 14h |
| | 15h |
| | 16h |
| | 17h |
| | 18h |
| | 19h |
| | 20h |
| | 21h |

ANOTAÇÕES:

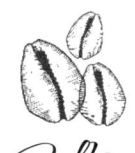

**Odu Ossá** NO ASPECTO *positivo*

ORIXÁ REGENTE: *Iansã*

O LUA CHEIA
*Lua Vazia: 21/07 08:26h até 21/07 08:42h*

# 21
## DOMINGO

**Julho**

07h

08h

09h

10h

11h

12h

13h

14h

15h

16h

17h

18h

19h

20h

21h

ANOTAÇÕES:

É nos pequenos sinais do universo que Iansã se manifesta, permita-se enxergá-los!

ODU DO DIA
*Ossá*

ACESSE AS
PREVISÕES
DE HOJE

# 22

**SEGUNDA**

*Odu Ofun* NO ASPECTO *positivo*

ORIXÁ REGENTE: *Oxalufã*

O LUA CHEIA

*Julho*

Respire fundo e olhe para dentro de si:
é lá que mora a força sagrada de Oxalufã!

ODU DO DIA

*Ofun*

07h

08h

09h

10h

11h

12h

13h

14h

15h

16h

17h

18h

19h

20h

21h

ANOTAÇÕES:

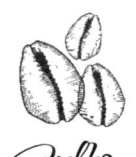

**Julho**

*Odu Ejíokô* NO ASPECTO *positivo*

ORIXÁ REGENTE: *Ogum*

O LUA CHEIA
*Lua Vazia: 23/07 06:58h até 23/07 10:22h*

# 23
## TERÇA

07h _____

08h _____

09h _____

10h _____

11h _____

12h _____

13h _____

14h _____

15h _____

16h _____

17h _____

18h _____

19h _____

20h _____

21h _____

ANOTAÇÕES:

*Paz, sucesso e felicidade: esta é a profecia que Ogum realizará no seu dia!*

ODU DO DIA
*Ejíokô*

ACESSE AS
PREVISÕES
DE HOJE

# 24

**QUARTA**

*Odu Ogundá* NO ASPECTO *positivo*

<u>ORIXÁ REGENTE:</u> *Ogum*

O LUA CHEIA

*Julho*

07h

08h

09h

10h

11h

12h

13h

14h

15h

16h

17h

18h

19h

20h

21h

Um pouco de fé e muita coragem: esta é a receita de Ogum para a sua vitória!

ODU DO DIA
**Ogundá**

ACESSE AS
PREVISÕES
DE HOJE

ANOTAÇÕES:

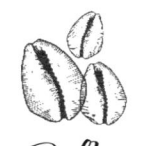

*Odu Irossun* NO ASPECTO *positivo*

ORIXÁ REGENTE: *Iemanjá*

O LUA CHEIA
*Lua Vazia: 25/07 11:31h até 25/07 11:52h*
Dia de Teresa de Benguela / Dia da Mulher Negra Latino-Americana e Caribenha

*Julho*

# 25
## QUINTA

07h _____

08h _____

09h _____

10h _____

11h _____

12h _____

13h _____

14h _____

15h _____

16h _____

17h _____

18h _____

19h _____

20h _____

21h _____

*No dia de hoje, que Iemanjá lhe inspire com a certeza de novos caminhos em sua vida!*

ODU DO DIA *Irossun*

ACESSE AS PREVISÕES DE HOJE

ANOTAÇÕES:

# 26

**SEXTA**

*Odu Oxê* NO ASPECTO *negativo*

<u>ORIXÁ REGENTE:</u> *Oxum*

O LUA CHEIA
*Lua Vazia: 26/07 19:14h até 27/07 14:22h*

Dia dos Avós / Dia de Nanã

*Julho*

*Por hoje e todo o sempre, que Oxum que seus passos e abra os seus caminhos!*

ODU DO DIA

*Oxê*

ACESSE AS PREVISÕES DE HOJE

| | |
|---|---|
| | 07h |
| | 08h |
| | 09h |
| | 10h |
| | 11h |
| | 12h |
| | 13h |
| | 14h |
| | 15h |
| | 16h |
| | 17h |
| | 18h |
| | 19h |
| | 20h |
| | 21h |

ANOTAÇÕES:

**Julho**

*Odu Obará* NO ASPECTO *negativo*

ORIXÁ REGENTE: *Xangô*

☽ LUA MINGUANTE

*Lua Vazia: 26/07 19:14h até 27/07 14:22h*

# 27
## SÁBADO

07h _____

08h _____

09h _____

10h _____

11h _____

12h _____

13h _____

14h _____

15h _____

16h _____

17h _____

18h _____

19h _____

20h _____

21h _____

Acalme-se e siga em frente! Xangô lhe trará a força e a coragem para vencer!

ODU DO DIA
*Obará*

ANOTAÇÕES:

# 28

DOMINGO

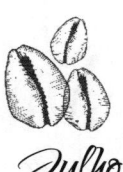

*Odu Odi* NO ASPECTO *negativo*

ORIXÁ REGENTE: *Ogum*

☽ LUA MINGUANTE

*Julho*

Enquanto há esperança, há um caminho! Que Ogum lhe dê felicidade!

ODU DO DIA

*Odi*

ACESSE AS
PREVISÕES
DE HOJE

| | |
|---|---|
| | 07h |
| | 08h |
| | 09h |
| | 10h |
| | 11h |
| | 12h |
| | 13h |
| | 14h |
| | 15h |
| | 16h |
| | 17h |
| | 18h |
| | 19h |
| | 20h |
| | 21h |

ANOTAÇÕES:

*Julho*

*Odu Ejiônilé* NO ASPECTO *negativo*

ORIXÁ REGENTE: *Oxoguiã*

☾ LUA MINGUANTE

*Lua Vazia: 29/07 17:59h até 29/07 18:27h*

# 29
## SEGUNDA

07h _____

08h _____

09h _____

10h _____

11h _____

12h _____

13h _____

14h _____

15h _____

16h _____

17h _____

18h _____

19h _____

20h _____

21h _____

ANOTAÇÕES:

*No dia de hoje e a cada momento, que Oxoguiã abençoe os seus caminhos!*

ODU DO DIA *Ejiônilé*

ACESSE AS
PREVISÕES
DE HOJE

# 30

**TERÇA**
Dia do Amigo

*Bons caminhos, boas conquistas e boas companhias: é Zemanjá quem lhe protege!*

ODU DO DIA
*Ossá*

ACESSE AS
PREVISÕES
DE HOJE

07h

08h

09h

10h

11h

12h

13h

14h

15h

16h

17h

18h

19h

20h

21h

ANOTAÇÕES:

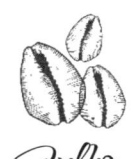

*Odu Ofun* NO ASPECTO *negativo*

ORIXÁ REGENTE: *Oxalufã*

☽ LUA MINGUANTE

*Lua Vazia: 31/07 23:46h até 01/08 00:19h*

*Julho*

# 31
## QUARTA

07h _____

08h _____

09h _____

10h _____

11h _____

12h _____

13h _____

14h _____

15h _____

16h _____

17h _____

18h _____

19h _____

20h _____

21h _____

*Por hoje e sempre, que Oxalufã lhe dê bons amigos em quem confiar!*

ODU DO DIA *Ofun*

ACESSE AS
PREVISÕES
DE HOJE

ANOTAÇÕES:

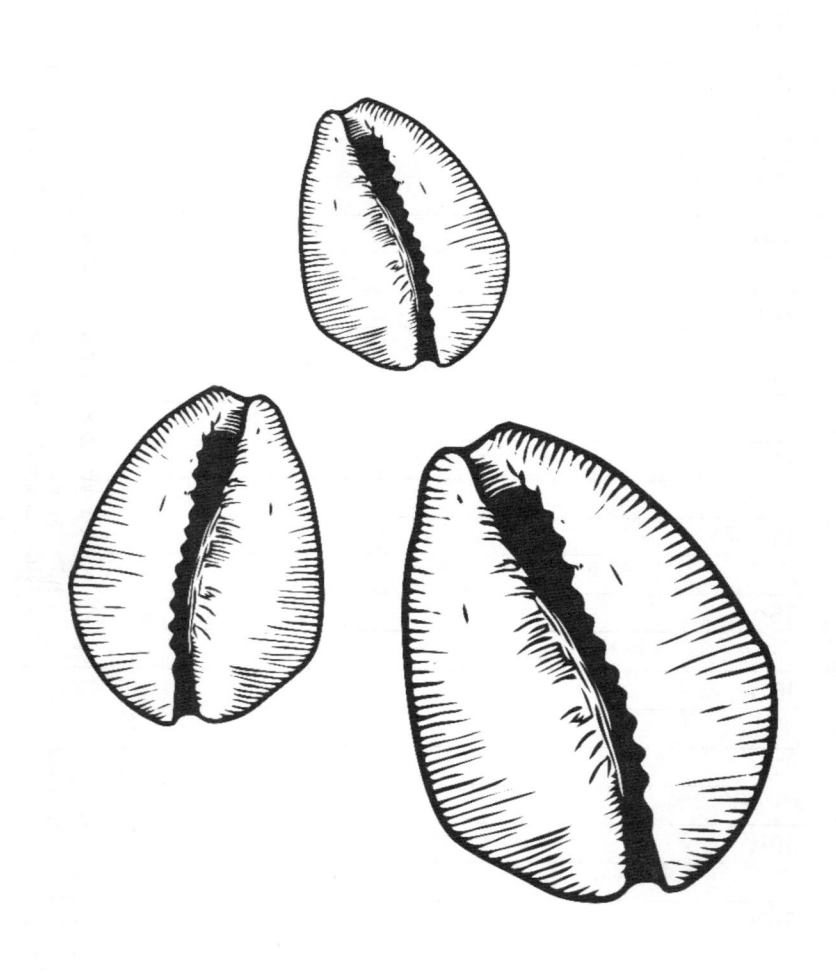

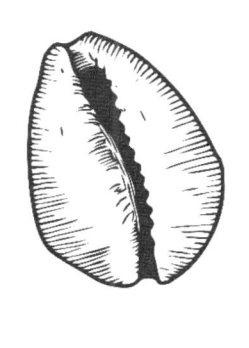
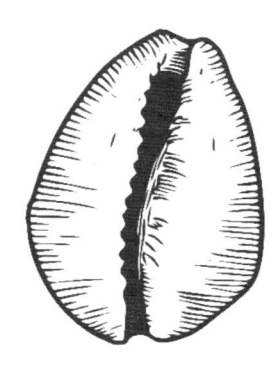

# AGOSTO

## ODU DO MÊS: ALÁFIA

Em paz com o mundo e consigo

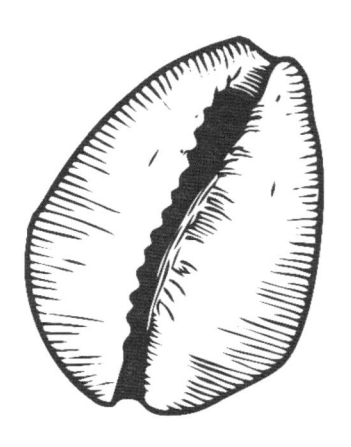

# Previsões para Agosto

Sob a influência do **Odu Aláfia**, o mês se revela como um caminho de paz e de sonhos, trazendo a **promessa de mudanças e renovação da esperança**. Junto ao Odu Ejiogbê, regente deste ano, esse período estabelece que **os começos e os fins estão destinados a se (re)encontrarem** até que aprendamos as lições do Destino. Esses encontros e conquistas são acompanhados por determinação para **colocar em prática o que antes existia apenas como ideias**.

A sua vida, sem dúvida, passará por significativas transformações, quer você esteja disposta a isso ou não. Portanto, **se a mudança é inevitável, preparar-se para ela é fundamental** para o sucesso futuro, mantendo o equilíbrio espiritual. A verdadeira paz não é ausência de problemas ou desafios, mas a habilidade de superá-los com facilidade, aproveitando o melhor de cada situação e crescendo, tanto material como emocionalmente. Buscar crescimento e felicidade é um direito e um dever do ser humano. Nesse sentido, *o que é necessário para que você encontre a paz? E, sobretudo, o que você tem feito verdadeiramente para conquistá-la?*

Além disso, quem sonha muito tende a agir pouco. Para superar esse desafio, é fundamental **seguir as orientações sobre rituais e realizar os *ebós* indicados nos meses anteriores**. Isso garantirá estabilidade e tranquilidade durante todo o período e aumentará as chances de sucesso em sua jornada. No entanto, lembre-se de que o **Odu Aláfia** tem um contraponto negativo, **o caos e a desordem**, aspectos a serem evitados a todo custo. Os Orixás, neste momento, enfatizam que o caminho para uma vida plena e abundante está aberto àqueles que seguem com fé e coragem cumprindo os desígnios de Ifá, o Senhor do Destino, agindo de maneira consciente e ativa no presente.

**Agosto**

*Odu Ejionilé* NO ASPECTO *negativo*

ORIXÁ REGENTE: *Oxoguiã*

☽ LUA MINGUANTE

*Lua Vazia: 31/07 23:46h até 01/08 00:19h*

# 01
## QUINTA

07h

08h

09h

10h

11h

12h

13h

14h

15h

16h

17h

18h

19h

20h

21h

ANOTAÇÕES:

*Apesar das intempéries, que Oxoguiã multiplique suas boas ações!*

ODU DO DIA *Ejionilé*

ACESSE AS PREVISÕES DE HOJE

# 02

**SEXTA**

*Odu Ossá* NO ASPECTO *negativo*

ORIXÁ REGENTE: *Iemanjá*

☽ LUA MINGUANTE

*Agosto*

Aceite suas bênçãos: Iemanjá lhe permite renovar-se a cada manhã!

**ODU DO DIA**

*Ossá*

ACESSE AS
PREVISÕES
DE HOJE

07h

08h

09h

10h

11h

12h

13h

14h

15h

16h

17h

18h

19h

20h

21h

ANOTAÇÕES:

**Agosto**

*Odu Ofun* NO ASPECTO *negativo*

<u>ORIXÁ REGENTE:</u> *Oxalufã*

☽ LUA MINGUANTE

*Lua Vazia: 03/08 07:31h até 03/08 08:09h*

# 03

## SÁBADO

Dia da Capoeira

07h _____

08h _____

09h _____

10h _____

11h _____

12h _____

13h _____

14h _____

15h _____

*Agradeça e siga em frente! Oxalufã abrirá os seus caminhos para a vitória!*

16h _____

17h _____

18h _____

ODU DO DIA *Ofun*

19h _____

20h _____

21h _____

ACESSE AS
PREVISÕES
DE HOJE

ANOTAÇÕES:

# 04

**DOMINGO**

Dia do Sacerdote Religioso

Abra os olhos e permita-se enxergar as belezas que Ibeji preparou para você!

ODU DO DIA

*Ejiokô*

ACESSE AS
PREVISÕES
DE HOJE

| | |
|---|---|
| | 07h |
| | 08h |
| | 09h |
| | 10h |
| | 11h |
| | 12h |
| | 13h |
| | 14h |
| | 15h |
| | 16h |
| | 17h |
| | 18h |
| | 19h |
| | 20h |
| | 21h |

ANOTAÇÕES:

*Odu Ogundá* NO ASPECTO *negativo*

ORIXÁ REGENTE: *Ogum*

● LUA NOVA

*Lua Vazia: 05/08 12:16h até 05/08 18:16h*

**Agosto**

# 05
## SEGUNDA

07h

08h

09h

10h

11h

12h

13h

14h

15h

16h

17h

18h

19h

20h

21h

*Que a força de Ogum lhe torne capaz de confiar e amar a si e a todos ao seu redor!*

ODU DO DIA **Ogundá**

ACESSE AS PREVISÕES DE HOJE

ANOTAÇÕES:

# 06

**TERÇA**

*Odu Irossun* NO ASPECTO *positivo*

<u>ORIXÁ REGENTE:</u> *Iemanjá*

● LUA NOVA

*Agosto*

**Bons caminhos, boas conquistas e boas companhias: é Iemanjá quem lhe protege!**

ODU DO DIA

*Irossun*

ACESSE AS
PREVISÕES
DE HOJE

07h

08h

09h

10h

11h

12h

13h

14h

15h

16h

17h

18h

19h

20h

21h

ANOTAÇÕES:

*Odu Oxê* NO ASPECTO *positivo*

ORIXÁ REGENTE: *Oxum*

● LUA NOVA

# 07
## QUARTA

### Agosto

07h _____

08h _____

09h _____

10h _____

11h _____

12h _____

13h _____

14h _____

15h _____

16h _____

17h _____

18h _____

19h _____

20h _____

21h _____

ANOTAÇÕES:

Receba as bênçãos de Oxum e permita-se ser feliz por existir: você merece!

ODU DO DIA *Oxê*

ACESSE AS PREVISÕES DE HOJE

# 08

**QUINTA**

*Odu Obará* NO ASPECTO *positivo*

<u>ORIXÁ REGENTE:</u> *Logunedé*

● LUA NOVA

*Lua Vazia: 08/08 05:40h até 08/08 06:31h*

*Agosto*

No dia de hoje, que Logunedé cubra o seu lar e a sua família com a felicidade!

ODU DO DIA
*Obará*

ACESSE AS
PREVISÕES
DE HOJE

07h

08h

09h

10h

11h

12h

13h

14h

15h

16h

17h

18h

19h

20h

21h

ANOTAÇÕES:

*Odu Odi* NO ASPECTO *negativo*

<u>ORIXÁ REGENTE:</u> *Ogum*

● LUA NOVA

*Lua Vazia: 09/08 18:44h até 10/08 19:33h*

# 09

### SEXTA

**Agosto**

07h

08h

09h

10h

11h

12h

13h

14h

15h

16h

17h

18h

19h

20h

21h

*Nas encruzilhadas da vida, que Exu guie os seus passos e abençoe o seu caminho!*

ODU DO DIA

*Odi*

ACESSE AS
PREVISÕES
DE HOJE

ANOTAÇÕES:

# 10

**SÁBADO**

*Agosto*

Erga a cabeça e siga em frente! No dia de hoje, é Oxoguiã quem lhe guia!

ODU DO DIA

*Ejionilé*

07h

08h

09h

10h

11h

12h

13h

14h

15h

16h

17h

18h

19h

20h

21h

ACESSE AS
PREVISÕES
DE HOJE

ANOTAÇÕES:

**Agosto**

*Odu Ossá* NO ASPECTO *negativo*

ORIXÁ REGENTE: *Obá*

● LUA NOVA

# 11
## DOMINGO

07h _____

08h _____

09h _____

10h _____

11h _____

12h _____

13h _____

14h _____

15h _____

16h _____

17h _____

18h _____

19h _____

20h _____

21h _____

*Que Obá lhe permita seguir em frente, pois a felicidade está chegando!*

ODU DO DIA

*Ossá*

ACESSE AS
PREVISÕES
DE HOJE

ANOTAÇÕES:

# 12

**SEGUNDA**

*Agosto*

Por hoje e todo o sempre, que Oxalufã guie seus passos e abra os seus caminhos!

ODU DO DIA

*Ofun*

ACESSE AS PREVISÕES DE HOJE

| | |
|---|---|
| | 07h |
| | 08h |
| | 09h |
| | 10h |
| | 11h |
| | 12h |
| | 13h |
| | 14h |
| | 15h |
| | 16h |
| | 17h |
| | 18h |
| | 19h |
| | 20h |
| | 21h |

ANOTAÇÕES:

**Agosto**

*Odu Ejiokô* NO ASPECTO *positivo*

<u>ORIXÁ REGENTE:</u> *Ibeji*

☾ LUA CRESCENTE

*Lua Vazia: 13/08 06:01h até 13/08 07:01h*

Dia de Exu / Dia da Quimbanda / Dia dos Pais

# 13
## TERÇA

07h

08h

09h

10h

11h

12h

13h

14h

15h

*Fé, força de vontade e paz no coração: esta é a promessa de Ibeji para o seu dia!*

16h

17h

18h

ODU DO DIA

*Ejiokô*

19h

20h

21h

ACESSE AS
PREVISÕES
DE HOJE

ANOTAÇÕES:

# 14

**QUARTA**

*Agosto*

*Confiar na voz do seu coração é ouvir os conselhos de Ogum para o seu dia!*

ODU DO DIA

*Ogundá*

ACESSE AS
PREVISÕES
DE HOJE

07h

08h

09h

10h

11h

12h

13h

14h

15h

16h

17h

18h

19h

20h

21h

ANOTAÇÕES:

**Agosto**

*Odu Irossun* NO ASPECTO *positivo*

ORIXÁ REGENTE: *Iemanjá*

☾ LUA CRESCENTE
*Lua Vazia: 15/08 13:52h até 15/08 14:51h*

# 15
## QUINTA

07h _____

08h _____

09h _____

10h _____

11h _____

12h _____

13h _____

14h _____

15h _____

16h _____

17h _____

18h _____

19h _____

20h _____

21h _____

*Quando tudo parecer perdido, que Iemanjá seja a luz da esperança a lhe guiar!*

ODU DO DIA *Irossun*

ACESSE AS
PREVISÕES
DE HOJE

ANOTAÇÕES:

# 16

**SEXTA**

*Odu Oxê* NO ASPECTO *positivo*

ORIXÁ REGENTE: *Oxum*

☾ LUA CRESCENTE

*Agosto*

Dia de São Roque / Dia de Obaluaiê

Abra o coração e agradeça: Oxum é quem trará equilíbrio para as suas escolhas!

ODU DO DIA

*Oxê*

ACESSE AS
PREVISÕES
DE HOJE

| Horário | |
|---|---|
| 07h | |
| 08h | |
| 09h | |
| 10h | |
| 11h | |
| 12h | |
| 13h | |
| 14h | |
| 15h | |
| 16h | |
| 17h | |
| 18h | |
| 19h | |
| 20h | |
| 21h | |

ANOTAÇÕES:

**Agosto**

*Odu Obará* NO ASPECTO *positivo*

<u>ORIXÁ REGENTE:</u> *Oxóssi*

☾ **LUA CRESCENTE**
*Lua Vazia: 17/08 17:43h até 17/08 18:44h*

# 17
## SÁBADO

07h _____

08h _____

09h _____

10h _____

11h _____

12h _____

13h _____

14h _____

15h _____

16h _____

17h _____

18h _____

19h _____

20h _____

21h _____

*No dia de hoje, que Oxóssi lhe inspire com a certeza de novos caminhos em sua vida!*

ODU DO DIA
*Obará*

ACESSE AS
PREVISÕES
DE HOJE

ANOTAÇÕES:

# 18

## DOMINGO

Avante! Omolu vai lhe guiar no caminho da verdade e da felicidade!

ODU DO DIA

*Odi*

ACESSE AS
PREVISÕES
DE HOJE

07h

08h

09h

10h

11h

12h

13h

14h

15h

16h

17h

18h

19h

20h

21h

ANOTAÇÕES:

**Agosto**

*Odu Ejiogbê* NO ASPECTO *positivo*

ORIXÁ REGENTE: *Xangô Airá*

O LUA CHEIA
*Lua Vazia: 19/08 15:25h até 19/08 19:51h*

# 19
## SEGUNDA

07h

08h

09h

10h

11h

12h

13h

14h

15h

16h

17h

18h

19h

20h

21h

*Se os olhos são o espelho da alma, que Xangô Airá faça os seus brilharem de alegria!*

ODU DO DIA *Ejiogbê*

ACESSE AS
PREVISÕES
DE HOJE

ANOTAÇÕES:

# 20
**TERÇA**

*Odu Ossá* NO ASPECTO *positivo*

<u>ORIXÁ REGENTE:</u> *Iansã*

O LUA CHEIA

*Agosto*

Ouça sua intuição: ela é o poder de Iansã que vive dentro de você!

ODU DO DIA

*Ossá*

ACESSE AS PREVISÕES DE HOJE

| | |
|---|---|
| | 07h |
| | 08h |
| | 09h |
| | 10h |
| | 11h |
| | 12h |
| | 13h |
| | 14h |
| | 15h |
| | 16h |
| | 17h |
| | 18h |
| | 19h |
| | 20h |
| | 21h |

ANOTAÇÕES:

**Agosto**

*Odu Ofun* NO ASPECTO *positivo*

<u>ORIXÁ REGENTE:</u> *Oxalufã*

O LUA CHEIA
*Lua Vazia: 21/08 18:53h até 21/08 20:01h*

# 21
## QUARTA

07h

08h

09h

10h

11h

12h

13h

14h

15h

16h

17h

18h

19h

20h

21h

*Você está no caminho certo! Deixe que Oxalufã guie seus passos e suas decisões!*

ODU DO DIA

*Ofun*

ACESSE AS
PREVISÕES
DE HOJE

ANOTAÇÕES:

# 22

**QUINTA**

*Agosto*

Sorria: apesar da noite escura, um novo sol raiou! Deixe Ibeji transformar o seu dia!

ODU DO DIA

*Ejiokô*

ACESSE AS
PREVISÕES
DE HOJE

07h

08h

09h

10h

11h

12h

13h

14h

15h

16h

17h

18h

19h

20h

21h

ANOTAÇÕES:

**Agosto**

*Odu Ogundá* NO ASPECTO *negativo*

ORIXÁ REGENTE: *Ogum*

O LUA CHEIA
*Lua Vazia: 23/08 09:44h até 23/08 21:01h*

# 23
## SEXTA

07h

08h

09h

10h

11h

12h

13h

14h

15h

16h

17h

18h

19h

20h

21h

*Já ouviu seu bater coração hoje? É Ogum dizendo que chegou a hora de vencer!*

ODU DO DIA
*Ogundá*

ACESSE AS PREVISÕES DE HOJE

ANOTAÇÕES:

# 24

*Agosto*

Acredite: Iemanjá lhe dará a sabedoria necessária para evoluir e vencer!

ODU DO DIA
*Irossun*

ACESSE AS PREVISÕES DE HOJE

07h

08h

09h

10h

11h

12h

13h

14h

15h

16h

17h

18h

19h

20h

21h

ANOTAÇÕES:

**Agosto**

*Odu Oxê* NO ASPECTO *positivo*

<u>ORIXÁ REGENTE:</u> *Oxum*

O LUA CHEIA
*Lua Vazia: 25/08 22:40h até 26/08 00:03h*

# 25
## DOMINGO

07h _____

08h _____

09h _____

10h _____

11h _____

12h _____

13h _____

14h _____

15h _____

16h _____

17h _____

18h _____

19h _____

20h _____

21h _____

*Que Oxum lhe permita amadurecer com os desafios do destino!*

ODU DO DIA
*Oxê*

ACESSE AS
PREVISÕES
DE HOJE

ANOTAÇÕES:

# 26

**SEGUNDA**

*Odu Obará* NO ASPECTO *negativo*

ORIXÁ REGENTE: *Xangô*

☽ LUA MINGUANTE

*Lua Vazia: 25/08 22:40h até 26/08 00:03h*

*Agosto*

Acalme seu coração e receba as bençãos de Xangô... Um novo dia vai raiar!

ODU DO DIA
*Obará*

ACESSE AS
PREVISÕES
DE HOJE

07h

08h

09h

10h

11h

12h

13h

14h

15h

16h

17h

18h

19h

20h

21h

ANOTAÇÕES:

*Odu Odi* NO ASPECTO *negativo*

<u>ORIXÁ REGENTE:</u> *Exu*

☽ LUA MINGUANTE

# Agosto

# 27
## TERÇA

07h

08h

09h

10h

11h

12h

13h

14h

15h

16h

17h

18h

19h

20h

21h

*Por hoje e sempre, que Exu lhe dê bons amigos em quem confiar!*

ODU DO DIA

*Odi*

ACESSE AS
PREVISÕES
DE HOJE

ANOTAÇÕES:

# 28
## QUARTA

*Odu Ejionilé* NO ASPECTO *negativo*

<u>ORIXÁ REGENTE:</u> *Xangô Airá*

☽ LUA MINGUANTE

*Lua Vazia: 28/08 04:13h até 28/08 05:47h*

*Agosto*

No dia de hoje e a cada momento, que Xangô Airá abençoe os seus caminhos!

ODU DO DIA
*Ejionilé*

ACESSE AS
PREVISÕES
DE HOJE

07h

08h

09h

10h

11h

12h

13h

14h

15h

16h

17h

18h

19h

20h

21h

ANOTAÇÕES:

*Odu Ossá* NO ASPECTO *negativo*

ORIXÁ REGENTE: *Iemanjá*

☽ LUA MINGUANTE

**Agosto**

# 29
## QUINTA

07h _____

08h _____

09h _____

10h _____

11h _____

12h _____

13h _____

14h _____

15h _____

16h _____

17h _____

18h _____

19h _____

20h _____

21h _____

*No dia de hoje, que Iemanjá lhe dê a sabedoria das boas escolhas!*

ODU DO DIA *Ossá*

ACESSE AS
PREVISÕES
DE HOJE

ANOTAÇÕES:

# 30

**SEXTA**

Agradeça a cada segundo e observe o poder de Oxalufã transformar sua vida!

07h

08h

09h

10h

11h

12h

13h

14h

15h

16h

17h

18h

ODU DO DIA

*Ofun*

ACESSE AS PREVISÕES DE HOJE

19h

20h

21h

ANOTAÇÕES:

*Odu Ejiokô* NO ASPECTO *negativo*

ORIXÁ REGENTE: *Omolu*

☽ LUA MINGUANTE

*Agosto*

# 31

SÁBADO

07h

08h

09h

10h

11h

12h

13h

14h

15h

16h

17h

18h

19h

20h

21h

As palavras de Omolu são certeiras: seus caminhos lhe guiarão para a vitória!

ODU DO DIA

*Ejiobó*

ACESSE AS
PREVISÕES
DE HOJE

ANOTAÇÕES:

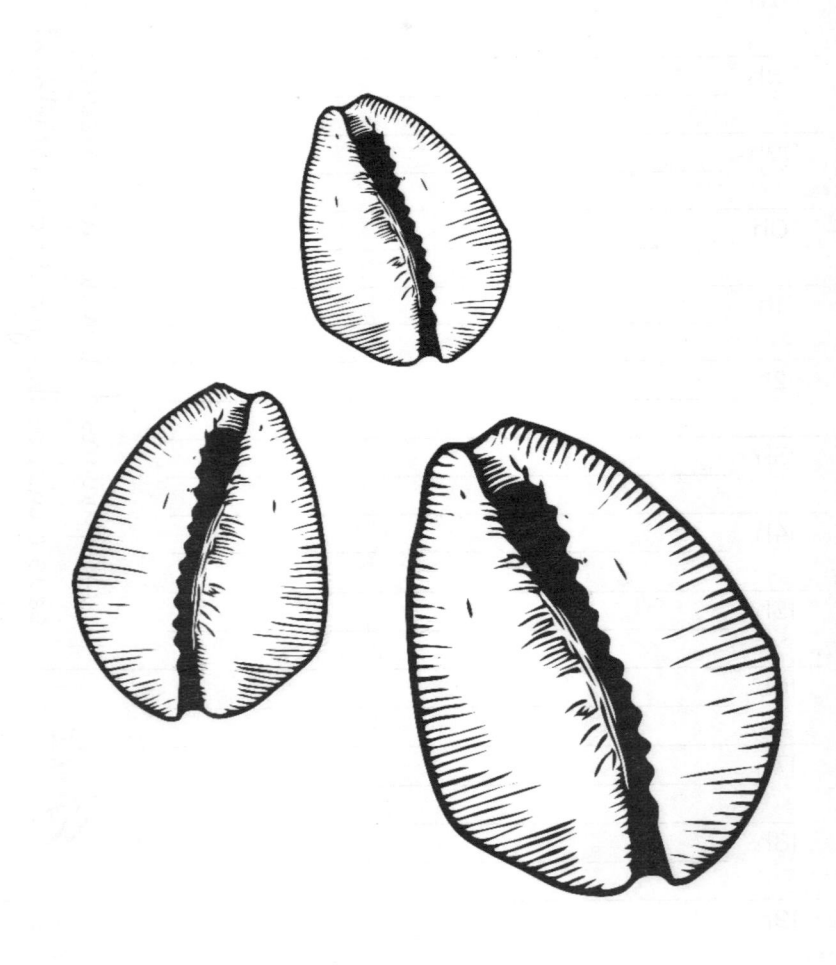

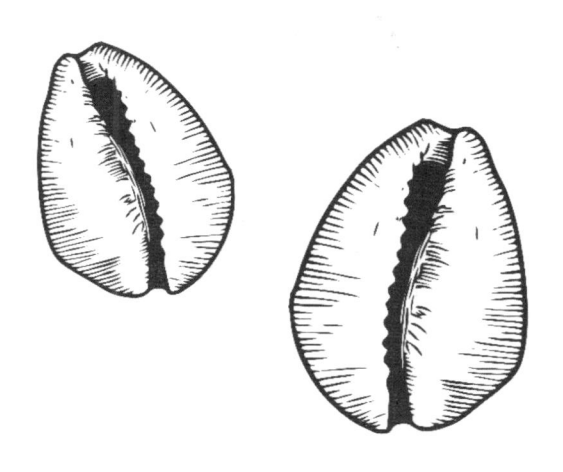

# SETEMBRO

## Odu do mês: Ejiogbê

*O impossível é apenas questão de opinião*

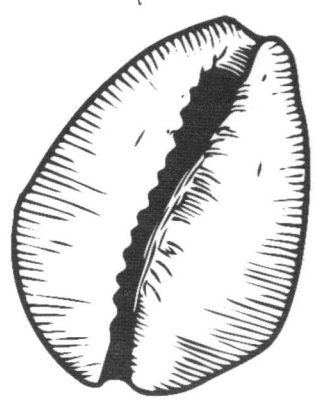

# Previsões para Setembro

Sob a influência do **Odu Ejiogbê**, que, em sua manifestação negativa é chamado de **Ejionilé**, as **confusões, perseguições e traições** se tornam ameaças intensas. Portanto, é crucial **prestar atenção às sutilezas nas relações pessoais e profissionais**, a fim de evitar surpresas desagradáveis, como o lobo disfarçado de cordeiro. Isso é especialmente relevante quando se trata de relacionamentos amorosos e influências externas, como falatórios e fofocas que podem afetar a harmonia dos casais e semear desconfiança.

A comunicação merece atenção especial e minuciosa neste mês. Tão importante quanto ouvir as palavras ditas, também é **decifrar o que fica nas entrelinhas**, pois muitas vezes as mensagens mais verdadeiras estão escondidas ali. O **Odu Ejiogbê/Ejionilé** alerta para os perigos das **falsas verdades, mentiras veladas e segredos ocultos sob palavras doces**. Além disso, lembre-se de que a linguagem corporal transmite sinais valiosos que não devem ser subestimados. Identificar esses sinais pode ser uma vantagem significativa.

Apesar dos desafios e das ameaças que pairam no ar, **o mês oferece oportunidades para crescimento financeiro e prosperidade**. É fundamental **manter o foco em seus objetivos** e enfrentar a realidade, mesmo que pareça desafiadora. Planejamento e estratégia são essenciais para vencer em meio às adversidades. Além disso, **realizando os rituais e oferendas adequados a este Odu, nos caminhos do Orixá Oxoguiã, você poderá colher vitórias inesperadas**. Em busca desse auxílio espiritual, consulte um sacerdote dos Orixás.

Para proteger-se das ameaças e dos contrastes deste mês, tome **banhos de Waji todas as sextas-feiras, da cabeça aos pés**, e ofereça uma farofa de farinha de mandioca com Waji em uma estrada movimentada, pedindo que **Exu Akesan** leve embora as energias negativas de seus caminhos.

# Setembro

*Odu Ossá* NO ASPECTO *negativo*

ORIXÁ REGENTE: *Obá*

☽ LUA MINGUANTE
*Lua Vazia: 01/09 21:24h até 02/09 00:48h*

# 01
## DOMINGO

07h _____

08h _____

09h _____

10h _____

11h _____

12h _____

13h _____

14h _____

15h _____

16h _____

17h _____

18h _____

19h _____

20h _____

21h _____

Que tal começar o dia sorrindo? Deixe a força de Obá lhe inspirar e guiar o seu destino!

ODU DO DIA
*Ossá*

ACESSE AS
PREVISÕES
DE HOJE

ANOTAÇÕES:

# 02

**SEGUNDA**

*Odu Ofun* NO ASPECTO *positivo*

<u>ORIXÁ REGENTE:</u> *Oxalufã*

● LUA NOVA
*Lua Vazia: 01/09 21:24h até 02/09 00:48h*

*Setembro*

Agradeça, perdoe e não deseje o mal...
É Oxalufã quem lhe protege
das más influências!

ODU DO DIA

*Ofun*

ACESSE AS
PREVISÕES
DE HOJE

07h

08h

09h

10h

11h

12h

13h

14h

15h

16h

17h

18h

19h

20h

21h

ANOTAÇÕES:

**Setembro**

*Odu Ejiokô* NO ASPECTO *positivo*

<u>ORIXÁ REGENTE:</u> *Ibeji*

● LUA NOVA

# 03
### TERÇA

07h

08h

09h

10h

11h

12h

13h

14h

15h

16h

17h

18h

19h

20h

21h

*Quando tudo parecer perdido, que Ibeji seja a luz da esperança a lhe guiar!*

ODU DO DIA **Ejiokô**

ACESSE AS
PREVISÕES
DE HOJE

ANOTAÇÕES:

# 04

**QUARTA**

*Setembro*

Depois de toda tempestade, vem a bonança. Até lá, que Ogum lhe acolha e lhe abençoe!

ODU DO DIA

*Ogundá*

ACESSE AS PREVISÕES DE HOJE

07h

08h

09h

10h

11h

12h

13h

14h

15h

16h

17h

18h

19h

20h

21h

ANOTAÇÕES:

*Odu Irossun* NO ASPECTO *positivo*

ORIXÁ REGENTE: *Iemanjá*

● LUA NOVA

# Setembro

# 05

## QUINTA
Dia dos Irmãos

07h _____

08h _____

09h _____

10h _____

11h _____

12h _____

13h _____

14h _____

15h _____

No dia de hoje, que Iemanjá cubra o seu lar e a sua família com a felicidade!

16h _____

17h _____

18h _____

ODU DO DIA *Irossun*

19h _____

20h _____

21h _____

ACESSE AS
PREVISÕES
DE HOJE

ANOTAÇÕES:

# 06

**SEXTA**

*Odu Oxê* NO ASPECTO *positivo*

ORIXÁ REGENTE: *Oxum*

● LUA NOVA

*Setembro*

Nenhuma dor dura pra sempre! Que Oxum lhe acolha e conforte seu coração!

ODU DO DIA

*Ori*

| | |
|---|---|
| | 07h |
| | 08h |
| | 09h |
| | 10h |
| | 11h |
| | 12h |
| | 13h |
| | 14h |
| | 15h |
| | 16h |
| | 17h |
| | 18h |
| | 19h |
| | 20h |
| | 21h |

ANOTAÇÕES:

**Setembro**

*Odu Obará* NO ASPECTO *positivo*

<u>ORIXÁ REGENTE:</u> *Logunedé*

● LUA NOVA

*Lua Vazia: 07/09 02:08h até 07/09 02:18h*

# 07
## SÁBADO
Independência do Brasil

07h _____

08h _____

09h _____

10h _____

11h _____

12h _____

13h _____

14h _____

15h _____

16h _____

17h _____

18h _____

19h _____

20h _____

21h _____

*Felicidade e prosperidade: estas são as promessas de Logunedé para o seu dia!*

ODU DO DIA *Obará*

ACESSE AS PREVISÕES DE HOJE

ANOTAÇÕES:

# 08

**DOMINGO**

*Odu Odi* NO ASPECTO *negativo*

ORIXÁ REGENTE: *Ogum*

● LUA NOVA

*Setembro*

Por hoje e sempre, que Ogum lhe dê bons amigos em quem confiar!

ODU DO DIA

*Odi*

ACESSE AS
PREVISÕES
DE HOJE

07h

08h

09h

10h

11h

12h

13h

14h

15h

16h

17h

18h

19h

20h

21h

ANOTAÇÕES:

**Setembro**

*Odu Ejiogbê* NO ASPECTO *positivo*

ORIXÁ REGENTE: *Xangô Airá*

● LUA NOVA
*Lua Vazia: 09/09 14:11h até 09/09 14:25h*

# 09
## SEGUNDA

07h _____

08h _____

09h _____

10h _____

11h _____

12h _____

13h _____

14h _____

15h _____

16h _____

17h _____

18h _____

19h _____

20h _____

21h _____

ANOTAÇÕES:

*Por hoje e pelos dias que virão, que Xangô Airá lhe acolha em seus braços e abençoe seu dia!*

ODU DO DIA
**Ejiogbê**

ACESSE AS
PREVISÕES
DE HOJE

# 10

**TERÇA**

*Odu Ossá* NO ASPECTO *negativo*

<u>ORIXÁ REGENTE:</u> *Iemanjá*

● LUA NOVA

*Setembro*

---

ODU DO DIA

*Ossá*

Abra os olhos e permita-se enxergar as belezas que Iemanjá preparou para você!

ACESSE AS
PREVISÕES
DE HOJE

| | |
|---|---|
| | 07h |
| | 08h |
| | 09h |
| | 10h |
| | 11h |
| | 12h |
| | 13h |
| | 14h |
| | 15h |
| | 16h |
| | 17h |
| | 18h |
| | 19h |
| | 20h |
| | 21h |

ANOTAÇÕES:

**Setembro**

*Odu Ofun* NO ASPECTO *positivo*

<u>ORIXÁ REGENTE:</u> *Oxalufã*

☾ LUA CRESCENTE

*Lua Vazia: 11/09 21:20h até 11/09 23:37h*

# 11
## QUARTA

07h _____

08h _____

09h _____

10h _____

11h _____

12h _____

13h _____

14h _____

15h _____

16h _____

17h _____

18h _____

19h _____

20h _____

21h _____

ANOTAÇÕES:

*De agora em diante e por todo o sempre, que Oxalufã lhe dê força e coragem para vencer!*

ODU DO DIA *Ofun*

ACESSE AS PREVISÕES DE HOJE

# 12

QUINTA

Bons caminhos, boas conquistas e boas companhias: é Ogum quem lhe protege!

ODU DO DIA

*Ejiokô*

ACESSE AS
PREVISÕES
DE HOJE

07h

08h

09h

10h

11h

12h

13h

14h

15h

16h

17h

18h

19h

20h

21h

ANOTAÇÕES:

**Setembro**

*Odu Ogundá* NO ASPECTO *positivo*

ORIXÁ REGENTE: *Ogum*

☾ LUA CRESCENTE

# 13
## SEXTA

07h _____

08h _____

09h _____

10h _____

11h _____

12h _____

13h _____

14h _____

15h _____

*Meu maior desejo? Que Ogum lhe faça capaz de agir e mudar o seu destino!*

16h _____

17h _____

18h _____

ODU DO DIA *Ogundá*

19h _____

20h _____

21h _____

ACESSE AS PREVISÕES DE HOJE

ANOTAÇÕES:

# 14
## SÁBADO

*Odu Irossun* NO ASPECTO *negativo*

ORIXÁ REGENTE: *Iemanjá*

☾ LUA CRESCENTE

*Lua Vazia: 14/09 21:20h até 14/09 04:53h*

*Setembro*

*Se os olhos são o espelho da alma, que Iemanjá faça os seus brilharem de alegria!*

ODU DO DIA
*Irossun*

ACESSE AS
PREVISÕES
DE HOJE

| | |
|---|---|
| | 07h |
| | 08h |
| | 09h |
| | 10h |
| | 11h |
| | 12h |
| | 13h |
| | 14h |
| | 15h |
| | 16h |
| | 17h |
| | 18h |
| | 19h |
| | 20h |
| | 21h |

ANOTAÇÕES:

*Odu Oxê* NO ASPECTO *positivo*

ORIXÁ REGENTE: *Oxum*

☾ LUA CRESCENTE

# 15
## DOMINGO

### Setembro

07h _____

08h _____

09h _____

10h _____

11h _____

12h _____

13h _____

14h _____

15h _____

16h _____

17h _____

18h _____

19h _____

20h _____

21h _____

ANOTAÇÕES:

Respire fundo e confie: Oxum tem uma grande vitória guardada para você!

ODU DO DIA
*Oxê*

ACESSE AS PREVISÕES DE HOJE

# 16

**SEGUNDA**

*Odu Obará* NO ASPECTO *positivo*

<u>ORIXÁ REGENTE:</u> *Oxóssi*

☾ **L**UA **C**RESCENTE

*Lua Vazia: 16/09 02:03h até 16/09 06:38h*

*Setembro*

Acalme-se e siga em frente! Oxóssi
lhe trará a força e a coragem para vencer!

ODU DO DIA

*Obará*

ACESSE AS
PREVISÕES
DE HOJE

07h

08h

09h

10h

11h

12h

13h

14h

15h

16h

17h

18h

19h

20h

21h

ANOTAÇÕES:

*Odu Odi* NO ASPECTO *positivo*

<u>ORIXÁ REGENTE:</u> *Ossain*

O LUA CHEIA

**Setembro**

# 17
## TERÇA

07h

08h

09h

10h

11h

12h

13h

14h

15h

16h

17h

18h

19h

20h

21h

É nos pequenos sinais do universo que Ossain se manifesta, permita-se enxergá-los!

ODU DO DIA **Odi**

ACESSE AS PREVISÕES DE HOJE

ANOTAÇÕES:

# 18

**QUARTA**

*Setembro*

Que a força de Xangô Airá lhe torne capaz de confiar e amar a si e a todos ao seu redor!

ODU DO DIA

*Ejiogbê*

07h

08h

09h

10h

11h

12h

13h

14h

15h

16h

17h

18h

19h

20h

21h

ACESSE AS PREVISÕES DE HOJE

ANOTAÇÕES:

**Setembro**

*Odu Ossá* NO ASPECTO *positivo*

ORIXÁ REGENTE: *Obá*

O LUA CHEIA

# 19
## QUINTA

07h _____

08h _____

09h _____

10h _____

11h _____

12h _____

13h _____

14h _____

15h _____

16h _____

17h _____

18h _____

19h _____

20h _____

21h _____

ANOTAÇÕES:

*Fé, força de vontade e paz no coração: esta é a promessa de Obá para o seu dia!*

ODU DO DIA

*Ossá*

ACESSE AS PREVISÕES DE HOJE

# 20

**SEXTA**

*Odu Ofun* NO ASPECTO *positivo*

<u>ORIXÁ REGENTE:</u> *Oxalufã*

O **LUA CHEIA**
*Lua Vazia: 20/09 05:38h até 20/09 06:02h*

*Setembro*

Respire fundo e olhe para dentro de si: é lá que mora a força sagrada de Oxalufã!

ODU DO DIA

*Ofun*

ACESSE AS
PREVISÕES
DE HOJE

07h

08h

09h

10h

11h

12h

13h

14h

15h

16h

17h

18h

19h

20h

21h

ANOTAÇÕES:

*Odu Ejiokô* NO ASPECTO *positivo*

ORIXÁ REGENTE: *Ogum*

O LUA CHEIA

## Setembro

# 21

## SÁBADO
Dia da Árvore

07h

08h

09h

10h

11h

12h

13h

14h

15h

16h

17h

18h

19h

20h

21h

*No dia de hoje, que Ogum lhe dê a sabedoria das boas escolhas!*

ODU DO DIA
*Ejiokô*

ACESSE AS PREVISÕES DE HOJE

ANOTAÇÕES:

# 22

**DOMINGO**

Início da Primavera

Que Ogum lhe permita seguir em frente, pois a felicidade está chegando!

ODU DO DIA
*Ogundá*

ACESSE AS
PREVISÕES
DE HOJE

07h

08h

09h

10h

11h

12h

13h

14h

15h

16h

17h

18h

19h

20h

21h

ANOTAÇÕES:

*Odu Irossun* NO ASPECTO *positivo*

ORIXÁ REGENTE: *Iemanjá*

O LUA CHEIA

# 23
## SEGUNDA
Dia de Cosme e Damião / Dia de Ibeji

07h _____

08h _____

09h _____

10h _____

11h _____

12h _____

13h _____

14h _____

15h _____

16h _____

17h _____

18h _____

19h _____

20h _____

21h _____

ANOTAÇÕES:

*Acredite: Iemanjá lhe dará a sabedoria necessária para evoluir e vencer!*

ODU DO DIA *Irossun*

ACESSE AS
PREVISÕES
DE HOJE

# 24

**TERÇA**

*Odu Oxê* NO ASPECTO *negativo*

ORIXÁ REGENTE: *Oxum*

☽ LUA MINGUANTE
*Lua Vazia: 24/09 08:58h até 24/09 11:49h*

*Setembro*

No dia de hoje e a cada momento, que Oxum abençoe os seus caminhos!

ODU DO DIA

*Orí*

ACESSE AS
PREVISÕES
DE HOJE

| | 07h |
|---|---|
| | 08h |
| | 09h |
| | 10h |
| | 11h |
| | 12h |
| | 13h |
| | 14h |
| | 15h |
| | 16h |
| | 17h |
| | 18h |
| | 19h |
| | 20h |
| | 21h |

ANOTAÇÕES:

**Setembro**

*Odu Obará* NO ASPECTO *negativo*

<u>ORIXÁ REGENTE:</u> *Xangô*

☽ LUA MINGUANTE

# 25
## QUARTA

07h _____

08h _____

09h _____

10h _____

11h _____

12h _____

13h _____

14h _____

15h _____

16h _____

17h _____

18h _____

19h _____

20h _____

21h _____

ANOTAÇÕES:

*Confiar na voz do seu coração é ouvir os conselhos de Xangô para o seu dia!*

ODU DO DIA *Obará*

ACESSE AS PREVISÕES DE HOJE

# 26

**QUINTA**

*Setembro*

Vida longa, saúde e felicidade: que as bênçãos de Ogum lhe cubram por todo o dia!

ODU DO DIA

*Odi*

ACESSE AS
PREVISÕES
DE HOJE

07h

08h

09h

10h

11h

12h

13h

14h

15h

16h

17h

18h

19h

20h

21h

ANOTAÇÕES:

*Odu Ejionilé* NO ASPECTO *negativo*

ORIXÁ REGENTE: *Oxoguiã*

☽ LUA MINGUANTE

# 27

SEXTA

**Setembro**

07h

08h

09h

10h

11h

12h

13h

14h

15h

16h

17h

18h

19h

20h

21h

*Agradeça e siga em frente! Oxoguiã abrirá os seus caminhos para a vitória!*

ODU DO DIA

*Ejionilé*

ANOTAÇÕES:

# 28

**SÁBADO**

*Odu Ossá* NO ASPECTO *negativo*

<u>ORIXÁ REGENTE:</u> *Iyewá*

☽ LUA MINGUANTE

*Setembro*

Que neste dia, Iyewá abençoe seus desejos com confiança e felicidade!

ODU DO DIA

*Ossá*

ACESSE AS
PREVISÕES
DE HOJE

07h

08h

09h

10h

11h

12h

13h

14h

15h

16h

17h

18h

19h

20h

21h

ANOTAÇÕES:

**Setembro**

*Odu Ofun* NO ASPECTO *negativo*

ORIXÁ REGENTE: *Oxalufã*

☽ LUA MINGUANTE

*Lua Vazia: 29/09 00:35h até 29/09 06:41h*

Dia de São Miguel Arcanjo / Dia de Logunedé

# 29
## DOMINGO

07h

08h

09h

10h

11h

12h

13h

14h

15h

16h

17h

18h

19h

20h

21h

*Você é capaz de superar todos os desafios! Confie em Oxalufã e transforme o seu dia!*

ODU DO DIA *Ofun*

ACESSE AS PREVISÕES DE HOJE

ANOTAÇÕES:

# 30

## SEGUNDA

Dia de São Jerônimo / Dia de Xangô

*Setembro*

Abra o coração e agradeça: Exu Eleguá trará equilíbrio para as suas escolhas!

ODU DO DIA
*Ejiokô*

ACESSE AS
PREVISÕES
DE HOJE

| | |
|---|---|
| | 07h |
| | 08h |
| | 09h |
| | 10h |
| | 11h |
| | 12h |
| | 13h |
| | 14h |
| | 15h |
| | 16h |
| | 17h |
| | 18h |
| | 19h |
| | 20h |
| | 21h |

ANOTAÇÕES:

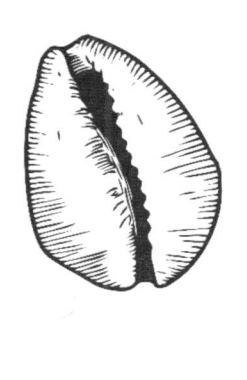
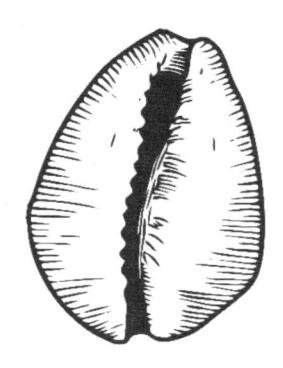

# OUTUBRO

## Odu do mês: Ossá

A felicidade vem a quem assume seu destino

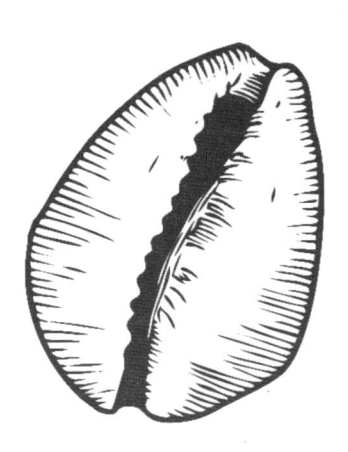

# Previsões para Outubro

Sob a influência do **Odu Ossá**, os ventos do mundo e dos pensamentos se tornam **agentes de transformação e mutação** neste mês, permitindo a **correção de ações que não ocorreram como planejado nos meses anteriores** e o início decisivo de projetos anteriormente adiados. É crucial **encontrar harmonia entre o seu ritmo pessoal e o ritmo do Universo que a cerca**. Evite correr apressadamente, tropeçando em si mesma; da mesma maneira, evite também se arrastar por medo de errar e, assim, não fazer qualquer progresso. Equilíbrio é a palavra-chave deste mês.

A regência da **Orixá Iansã** neste mês lhe confere **a coragem e o ímpeto necessários para concretizar seus desejos e planos,** especialmente os mais desafiadores e que foram protelados. A paixão e sensualidade ressurgem, tornando este **um momento ideal para avançar em relacionamentos significativos**. Além disso, **oportunidades positivas surgirão nos negócios e na carreira.** Portanto, é fundamental **realizar oferendas com amalás e acarajés aos Orixás**, a fim de garantir que questões relacionadas a contratos, documentos e processos sigam o melhor caminho possível.

Se você estiver contemplando a ideia de **abrir seu próprio negócio** ou prestes a **assinar novos contratos**, este é o momento apropriado para fazê-lo. A influência do **Odu Ossá** oferece **um período favorável e energias propícias para o sucesso em empreendimentos comerciais e transações contratuais**, permitindo que seus esforços alcancem êxito e prosperidade. Portanto, não hesite em aproveitar essa oportunidade e seguir adiante com seus planos.

Assim, que tal perfumar o seu lar com os incensos da **Casa Arole**? Para este mês, **Abre Caminhos e Prosperidade** e também **Energia de Coragem** são os mais recomendados. Acesse **www.casaarole.com.br** e aproveite!

**Outubro**

*Odu Ofun* NO ASPECTO *negativo*
<u>ORIXÁ REGENTE:</u> *Oxalufã*

☽ LUA MINGUANTE
*Lua Vazia: 01/10 18:39h até 01/10 19:19h*

# 01
## TERÇA

07h

08h

09h

10h

11h

12h

13h

14h

15h

16h

17h

18h

19h

20h

21h

ANOTAÇÕES:

*Um novo sol raiou... Que Oxalufã abençoe e proteja o seu dia!*

ODU DO DIA *Ofun*

ACESSE AS
PREVISÕES
DE HOJE

# 02

**QUARTA**

Dia do Anjo da Guarda

*Odu Owarín* NO ASPECTO *negativo*

<u>ORIXÁ REGENTE:</u> *Iansã*

● LUA NOVA

*Outubro*

Confiar na voz do seu coração é ouvir os conselhos de Iansã para o seu dia!

ODU DO DIA

*Owarín*

ACESSE AS PREVISÕES DE HOJE

| | 07h |
|---|---|
| | 08h |
| | 09h |
| | 10h |
| | 11h |
| | 12h |
| | 13h |
| | 14h |
| | 15h |
| | 16h |
| | 17h |
| | 18h |
| | 19h |
| | 20h |
| | 21h |

ANOTAÇÕES:

# Outubro

*Odu Ejilaxeborá* NO ASPECTO *positivo*

ORIXÁ REGENTE: *Xangô*

● LUA NOVA

# 03

QUINTA

07h

08h

09h

10h

11h

12h

13h

14h

15h

16h

17h

18h

19h

20h

21h

Não há caminhos fechados para quem tem fé e gratidão! Confie em Xangô!

ODU DO DIA

*Ejilaxeborá*

ACESSE AS PREVISÕES DE HOJE

ANOTAÇÕES:

# 04

**SEXTA**

*Odu Ojiologbon* NO ASPECTO *negativo*

ORIXÁ REGENTE: *Nanã*

● LUA NOVA

*Lua Vazia: 04/10 07:40h até 04/10 08:22h*

Dia da Natureza / Dia de Irôco

*Outubro*

Acalme seu coração e receba as bençãos de Nanã... Um novo dia vai raiar!

ODU DO DIA **Ojiologbon**

ACESSE AS PREVISÕES DE HOJE

07h

08h

09h

10h

11h

12h

13h

14h

15h

16h

17h

18h

19h

20h

21h

ANOTAÇÕES:

*Odu Iká* NO ASPECTO *positivo*

ORIXÁ REGENTE: *Oxumarê*

● LUA NOVA

# Outubro

# 05

## SÁBADO

07h _____

08h _____

09h _____

10h _____

11h _____

12h _____

13h _____

14h _____

15h _____

*Por hoje e sempre, que Oxumarê lhe dê bons amigos em quem confiar!*

16h _____

17h _____

18h _____

ODU DO DIA *Iká*

19h _____

20h _____

21h _____

ACESSE AS PREVISÕES DE HOJE

ANOTAÇÕES:

# 06

**DOMINGO**

Agradeça e siga em frente! Obá abrirá os seus caminhos para a vitória!

ODU DO DIA
*Obeogundá*

ACESSE AS
PREVISÕES
DE HOJE

| | 07h |
| --- | --- |
| | 08h |
| | 09h |
| | 10h |
| | 11h |
| | 12h |
| | 13h |
| | 14h |
| | 15h |
| | 16h |
| | 17h |
| | 18h |
| | 19h |
| | 20h |
| | 21h |

ANOTAÇÕES:

*Odu Aláfia* NO ASPECTO *positivo*

ORIXÁ REGENTE: *Orunmilá*

● LUA NOVA

# Outubro

# 07

## SEGUNDA

07h

08h

09h

10h

11h

12h

13h

14h

15h

16h

17h

18h

19h

20h

21h

Fé, força de vontade e paz no coração: esta
é a promessa de Orunmilá para o seu dia!

ODU DO DIA *Aláfia*

ACESSE AS
PREVISÕES
DE HOJE

ANOTAÇÕES:

# 08

**TERÇA**

*Outubro*

Agradeça a cada segundo e observe
o poder de Xangô transformar sua vida!

07h

08h

09h

10h

11h

12h

13h

14h

15h

16h

17h

18h

19h

20h

21h

ODU DO DIA

*Ejiogbê*

ACESSE AS
PREVISÕES
DE HOJE

ANOTAÇÕES:

**Outubro**

*Odu Ossá* NO ASPECTO *negativo*

ORIXÁ REGENTE: *Iemanjá*

● LUA NOVA

*Lua Vazia: 09/10 02:54h até 09/10 06:38h*

# 09
## QUARTA

07h _____

08h _____

09h _____

10h _____

11h _____

12h _____

13h _____

14h _____

15h _____

16h _____

17h _____

18h _____

19h _____

20h _____

21h _____

*É nos pequenos sinais do universo que Iemanjá se manifesta, permita-se enxergá-los!*

ODU DO DIA

*Ossá*

ACESSE AS PREVISÕES DE HOJE

ANOTAÇÕES:

# 10

**QUINTA**

*Agradeça, perdoe e não deseje o mal... E Oxalufã quem lhe protege das más influências!*

ODU DO DIA

*Ofun*

ACESSE AS
PREVISÕES
DE HOJE

07h

08h

09h

10h

11h

12h

13h

14h

15h

16h

17h

18h

19h

20h

21h

ANOTAÇÕES:

# Outubro

*Odu Owarín* NO ASPECTO *positivo*

ORIXÁ REGENTE: *Iansã*

☾ LUA CRESCENTE
*Lua Vazia: 11/10 12:53h até 11/10 13:31h*

# 11
## SEXTA

07h _____

08h _____

09h _____

10h _____

11h _____

12h _____

13h _____

14h _____

15h _____

16h _____

17h _____

18h _____

19h _____

20h _____

21h _____

ANOTAÇÕES:

*Iansã já determinou e hoje é o seu dia de vencer! Confie: a felicidade chegando!*

ODU DO DIA
*Owarín*

ACESSE AS
PREVISÕES
DE HOJE

# 12

**SÁBADO**

*Odu Ejilaxeborá* NO ASPECTO *positivo*

ORIXÁ REGENTE: *Xangô*

☾ LUA CRESCENTE

*Outubro*

Dia de Nossa Senhora Aparecida / Dia de Oxum / Dia das Crianças

*Que a força de Xangô lhe torne capaz de confiar e amar a si e a todos ao seu redor!*

| | |
|---|---|
| | 07h |
| | 08h |
| | 09h |
| | 10h |
| | 11h |
| | 12h |
| | 13h |
| | 14h |
| | 15h |
| | 16h |
| | 17h |
| | 18h |
| | 19h |
| | 20h |
| | 21h |

ANOTAÇÕES:

*Odu Ojiologbon* NO ASPECTO *positivo*

ORIXÁ REGENTE: *Nanã*

☾ LUA CRESCENTE
*Lua Vazia: 13/10 11:11h até 13/10 16:55h*

*Outubro*

# 13
## DOMINGO

07h

08h

09h

10h

11h

12h

13h

14h

15h

16h

17h

18h

19h

20h

21h

*Pelo dia de hoje, que Exu lhe provoque... e que Nanã lhe abençoe!*

ODU DO DIA
*Ojiologbon*

ACESSE AS
PREVISÕES
DE HOJE

ANOTAÇÕES:

# 14

**SEGUNDA**

*Paz, sucesso e felicidade: esta é a profecia que Oxumarê realizará no seu dia!*

ODU DO DIA

*Iká*

ACESSE AS
PREVISÕES
DE HOJE

| | |
|---|---|
| | 07h |
| | 08h |
| | 09h |
| | 10h |
| | 11h |
| | 12h |
| | 13h |
| | 14h |
| | 15h |
| | 16h |
| | 17h |
| | 18h |
| | 19h |
| | 20h |
| | 21h |

ANOTAÇÕES:

**Outubro**

*Odu Obeogundá* NO ASPECTO *positivo*

<u>ORIXÁ REGENTE:</u> *Obá*

☾ LUA CRESCENTE
*Lua Vazia: 15/10 17:00h até 15/10 17:34h*

# 15
## TERÇA
Dia do Professor

07h

08h

09h

10h

11h

12h

13h

14h

15h

16h

17h

18h

19h

20h

21h

*De agora em diante e por todo o sempre, que Obá lhe dê força e coragem para vencer!*

ODU DO DIA
*Obeogundá*

ACESSE AS
PREVISÕES
DE HOJE

ANOTAÇÕES:

# 16

**QUARTA**

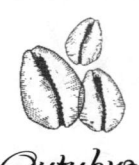

*Odu Aláfia* NO ASPECTO *positivo*

ORIXÁ REGENTE: *Orunmilá*

☾ LUA CRESCENTE

*Outubro*

Que neste dia, Orunmilá abençoe seus desejos com confiança e felicidade!

ODU DO DIA

*Aláfia*

ACESSE AS
PREVISÕES
DE HOJE

| | |
|---|---|
| | 07h |
| | 08h |
| | 09h |
| | 10h |
| | 11h |
| | 12h |
| | 13h |
| | 14h |
| | 15h |
| | 16h |
| | 17h |
| | 18h |
| | 19h |
| | 20h |
| | 21h |

ANOTAÇÕES:

**Outubro**

*Odu Ejiogbê* NO ASPECTO *positivo*

ORIXÁ REGENTE: *Xangô Airá*

O LUA CHEIA
*Lua Vazia: 17/10 16:26h até 17/10 17:00h*

# 17
## QUINTA

07h _____

08h _____

09h _____

10h _____

11h _____

12h _____

13h _____

14h _____

15h _____

16h _____

17h _____

18h _____

19h _____

20h _____

21h _____

*Acredite: Xangô Airá lhe dará a sabedoria necessária para evoluir e vencer!*

ODU DO DIA *Ejiogbê*

ACESSE AS
PREVISÕES
DE HOJE

ANOTAÇÕES:

# 18

**SEXTA**

*Odu Ossá* NO ASPECTO *positivo*

ORIXÁ REGENTE: *Obá*

O LUA CHEIA

*Outubro*

Por hoje e todo o sempre, que Obá guie seus passos e abra os seus caminhos!

ODU DO DIA

*Ossá*

ACESSE AS
PREVISÕES
DE HOJE

07h

08h

09h

10h

11h

12h

13h

14h

15h

16h

17h

18h

19h

20h

21h

ANOTAÇÕES:

**Outubro**

*Odu Ofun* NO ASPECTO *positivo*

<u>ORIXÁ REGENTE:</u> *Oxalufã*

O LUA CHEIA
*Lua Vazia: 19/10 16:33h até 19/10 17:07h*

# 19
## SÁBADO

07h _____

08h _____

09h _____

10h _____

11h _____

12h _____

13h _____

14h _____

15h _____

*No dia de hoje e a cada momento, que Oxalufã abençoe os seus caminhos!*

16h _____

17h _____

18h _____

ODU DO DIA *Ofun*

19h _____

20h _____

21h _____

ACESSE AS
PREVISÕES
DE HOJE

ANOTAÇÕES:

# 20

**DOMINGO**

*Outubro*

*Quando tudo parecer perdido, que Iansã seja a luz da esperança a lhe guiar!*

ODU DO DIA

*Owarin*

ACESSE AS
PREVISÕES
DE HOJE

07h

08h

09h

10h

11h

12h

13h

14h

15h

16h

17h

18h

19h

20h

21h

ANOTAÇÕES:

*Odu Ejilaxeborá* NO ASPECTO *positivo*

<u>ORIXÁ REGENTE:</u> *Xangô*

O LUA CHEIA
*Lua Vazia: 21/10 18:00h até 21/10 19:49h*

## Outubro

# 21
## SEGUNDA

07h _____

08h _____

09h _____

10h _____

11h _____

12h _____

13h _____

14h _____

15h _____

16h _____

17h _____

18h _____

19h _____

20h _____

21h _____

*No dia de hoje, que Xangô cubra o seu lar e a sua família com a felicidade!*

ODU DO DIA
*Ejilaxeborá*

ACESSE AS PREVISÕES DE HOJE

ANOTAÇÕES:

# 22

**TERÇA**

*Odu Ojíologbon* NO ASPECTO *positivo*

<u>ORIXÁ REGENTE:</u> *Nanã*

O LUA CHEIA

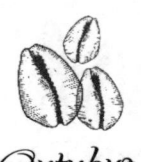

*Outubro*

Sorria: apesar da noite escura, um novo sol raiou! Deixe Nanã transformar o seu dia!

ODU DO DIA
*Ojíologbon*

ACESSE AS PREVISÕES DE HOJE

| | 07h |
|---|---|
| | 08h |
| | 09h |
| | 10h |
| | 11h |
| | 12h |
| | 13h |
| | 14h |
| | 15h |
| | 16h |
| | 17h |
| | 18h |
| | 19h |
| | 20h |
| | 21h |

ANOTAÇÕES:

*Odu Iká* NO ASPECTO *positivo*

ORIXÁ REGENTE: *Iyewá*

O LUA CHEIA

# Outubro

# 23
## QUARTA

07h

08h

09h

10h

11h

12h

13h

14h

15h

16h

17h

18h

19h

20h

21h

ANOTAÇÕES:

*Se os olhos são o espelho da alma, que Iyewá faça os seus brilharem de alegria!*

ODU DO DIA *Iká*

ACESSE AS
PREVISÕES
DE HOJE

# 24

**QUINTA**

*Outubro*

Acalme-se e siga em frente! Obá lhe trará a força e a coragem para vencer!

ODU DO DIA
*Obeogundá*

ACESSE AS
PREVISÕES
DE HOJE

| | 07h |
| --- | --- |
| | 08h |
| | 09h |
| | 10h |
| | 11h |
| | 12h |
| | 13h |
| | 14h |
| | 15h |
| | 16h |
| | 17h |
| | 18h |
| | 19h |
| | 20h |
| | 21h |

ANOTAÇÕES:

*Odu Aláfia* NO ASPECTO *negativo*

<u>ORIXÁ REGENTE:</u> *Orunmilá*

☾ LUA MINGUANTE

# 25
## SEXTA

*Outubro*

07h _____

08h _____

09h _____

10h _____

11h _____

12h _____

13h _____

14h _____

15h _____

16h _____

17h _____

18h _____

19h _____

20h _____

21h _____

*Vida longa, saúde e felicidade: que as bênçãos de Orunmilá lhe cubram por todo o dia!*

ODU DO DIA *Aláfia*

ACESSE AS
PREVISÕES
DE HOJE

ANOTAÇÕES:

# 26

**SÁBADO**

*Odu Ejiõnilé* NO ASPECTO *negativo*

<u>ORIXÁ REGENTE:</u> *Oxoguiã*

☽ LUA MINGUANTE
*Lua Vazia: 26/10 05:04h até 26/10 12:47h*

*Outubro*

Enquanto há esperança, há um caminho!
Que Oxoguiã lhe dê felicidade!

ODU DO DIA
*Ejiõnilé*

ACESSE AS
PREVISÕES
DE HOJE

07h

08h

09h

10h

11h

12h

13h

14h

15h

16h

17h

18h

19h

20h

21h

ANOTAÇÕES:

*Odu Ossá* NO ASPECTO *negativo*

ORIXÁ REGENTE: *Obá*

☽ LUA MINGUANTE

# 27
## DOMINGO

### Outubro

07h _____

08h _____

09h _____

10h _____

11h _____

12h _____

13h _____

14h _____

15h _____

16h _____

17h _____

18h _____

19h _____

20h _____

21h _____

ANOTAÇÕES:

As palavras de Obá são certeiras: seus caminhos lhe guiarão para a vitória!

ODU DO DIA *Ossá*

ACESSE AS PREVISÕES DE HOJE

# 28

**SEGUNDA**

*Odu Ofun* NO ASPECTO *negativo*

ORIXÁ REGENTE: *Oxalufã*

☽ LUA MINGUANTE

*Outubro*

Abra o coração e agradeça: Oxalufã trará equilíbrio para as suas escolhas!

ODU DO DIA

*Ofun*

ACESSE AS
PREVISÕES
DE HOJE

07h

08h

09h

10h

11h

12h

13h

14h

15h

16h

17h

18h

19h

20h

21h

ANOTAÇÕES:

*Odu Ejiokô* NO ASPECTO *negativo*

ORIXÁ REGENTE: *Exu Eleguá*

☽ LUA MINGUANTE

*Lua Vazia: 29/10 00:54h até 29/10 01:29h*

## Outubro

# 29

## TERÇA

Dia Nacional do Livro

07h

08h

09h

10h

11h

12h

13h

14h

15h

16h

17h

18h

19h

20h

21h

Avante! Exu Eleguá vai lhe guiar no caminho da verdade e da felicidade!

ODU DO DIA *Ejiokô*

ACESSE AS
PREVISÕES
DE HOJE

ANOTAÇÕES:

# 30

**QUARTA**

*Odu Ejilaxeborá* NO ASPECTO *negativo*

ORIXÁ REGENTE: *Xangô*

☽ LUA MINGUANTE

*Outubro*

Bons caminhos, boas conquistas e boas companhias: é Xangô quem lhe protege!

ODU DO DIA

*Ejilaxebor*

ACESSE AS
PREVISÕES
DE HOJE

| | |
|---|---|
| | 07h |
| | 08h |
| | 09h |
| | 10h |
| | 11h |
| | 12h |
| | 13h |
| | 14h |
| | 15h |
| | 16h |
| | 17h |
| | 18h |
| | 19h |
| | 20h |
| | 21h |

ANOTAÇÕES:

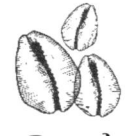

## Outubro

*Odu Ojiologbon* NO ASPECTO *negativo*

ORIXÁ REGENTE: *Nanã*

☽ LUA MINGUANTE

*Lua Vazia: 31/10 13:57h até 31/10 14:29h*

# 31
## QUINTA

07h _____

08h _____

09h _____

10h _____

11h _____

12h _____

13h _____

14h _____

15h _____

16h _____

17h _____

18h _____

19h _____

20h _____

21h _____

Que Nanã lhe permita amadurecer com os desafios do destino!

ODU DO DIA
*Ojiologbon*

ACESSE AS PREVISÕES DE HOJE

ANOTAÇÕES:

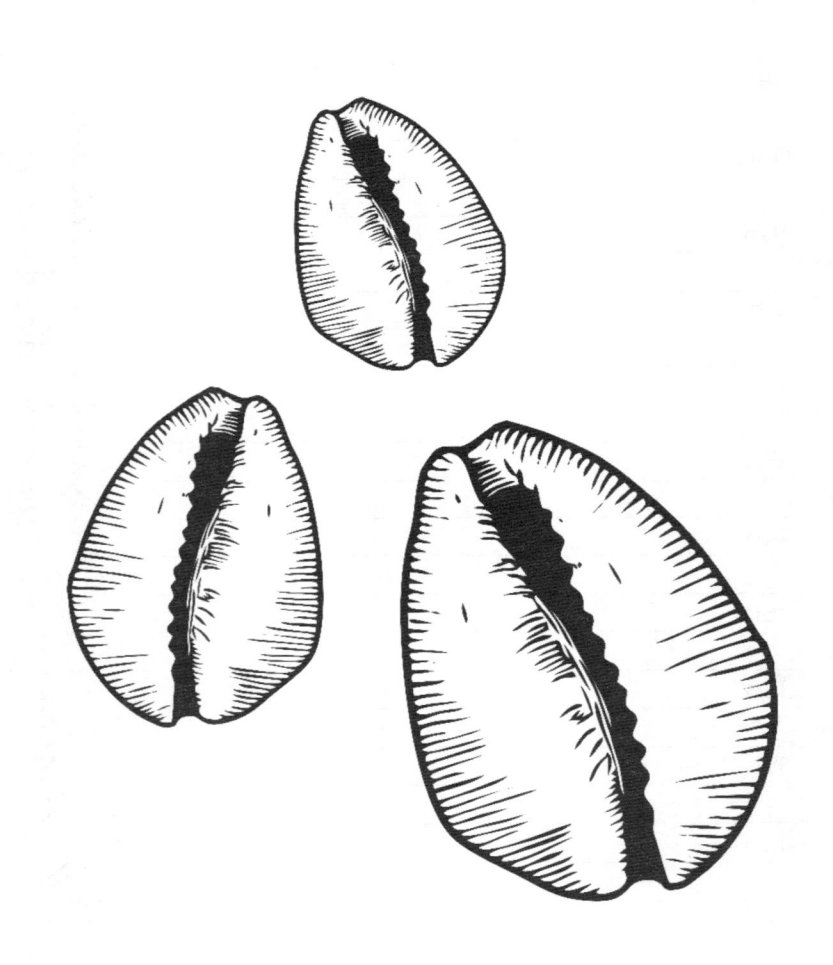

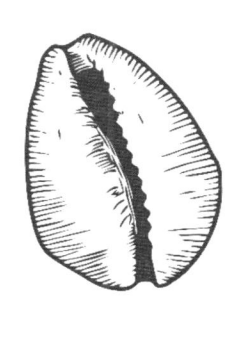
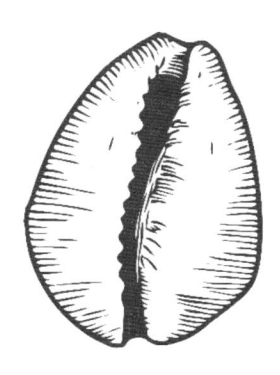

# NOVEMBRO

## ODU DO MÊS: OFUN

*Paciência é a virtude de quem sabe onde quer chegar*

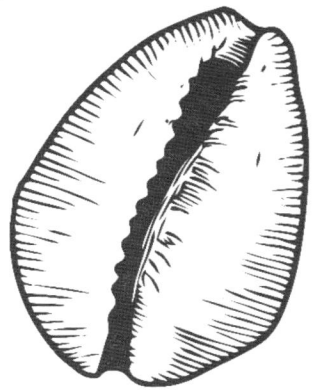

# Previsões para Novembro

Neste novo mês sob a orientação do **Odu Ofun**, seremos agraciados com contrastes intensos, como se nos fosse oferecido **um vislumbre do futuro que se desenha à nossa frente**. Oxalá, o grande regente deste período, sinaliza **a conclusão de um ciclo significativo em nossas jornadas**.

À medida que os meses passam, adquirimos a capacidade de **discernir o verdadeiro valor da vida**, desvinculando-nos das amarras materialistas do mundo que nos cerca. Sob a proteção do **Odu Ofun, consolidaremos as conquistas e objetivos que iniciamos nos meses anteriores**, cada um guiando nossos passos até o momento presente. Este mês é uma oportunidade preciosa para **avaliar nossos acertos e erros até agora**, traçando os passos necessários para alcançar os objetivos que tanto almejamos. Lembre-se de um sábio ditado africano: "*Meça o pano três vezes, só é possível cortá-lo uma vez.*"

O **Odu Ofun** é, por natureza, o Caminho da calma e da definição das situações, e tudo o que ele nos proporciona, embora possa levar tempo, é duradouro. Com essa influência, surgem também **oportunidades de receber auxílio inesperado, contanto que nos envolvamos de maneira justa e sincera em nossas empreitadas**. Pratique a generosidade, e veja o Universo respondendo às suas expectativas ao se entregar com fé aos desígnios da espiritualidade.

Às sextas-feiras, **ofereça canjica cozida e fria a Oxalá, em uma tigela branca de louça**. Na semana seguinte, substitua a canjica por outra fresca e despache a anterior em um jardim ou córrego de água. **Utilize a água do cozimento da nova canjica para tomar banhos da cabeça aos pés** antes de dormir, fortalecendo assim sua conexão com a espiritualidade e a serenidade que o **Odu Ofun** proporciona.

## Novembro

*Odu Owarin* NO ASPECTO *negativo*

<u>ORIXÁ REGENTE:</u> *Iansã*

● LUA NOVA

# 01

## SEXTA

Dia de Todos os Santos

07h

08h

09h

10h

11h

12h

13h

14h

15h

16h

17h

18h

19h

20h

21h

*Quando tudo parecer perdido, que Iansã seja a luz da esperança a lhe guiar!*

ODU DO DIA
*Owarin*

ACESSE AS
PREVISÕES
DE HOJE

ANOTAÇÕES:

# 02

**SÁBADO**

Dia de Finados

*Odu Ejilaxeborá* NO ASPECTO *positivo*

<u>ORIXÁ REGENTE:</u> *Xangô*

● LUA NOVA

*Novembro*

Por todo o dia e nos próximos que virão, agradeça a Xangô pelas vitórias da vida!

ODU DO DIA

*Ejilaxeborá*

ACESSE AS
PREVISÕES
DE HOJE

| | 07h |
| --- | --- |
| | 08h |
| | 09h |
| | 10h |
| | 11h |
| | 12h |
| | 13h |
| | 14h |
| | 15h |
| | 16h |
| | 17h |
| | 18h |
| | 19h |
| | 20h |
| | 21h |

ANOTAÇÕES:

*Odu Ojiologbon* NO ASPECTO *negativo*

ORIXÁ REGENTE: *Nanã*

● LUA NOVA

*Lua Vazia: 03/11 01:51h até 03/11 02:19h*

# 03
## DOMINGO

**Novembro**

07h

08h

09h

10h

11h

12h

13h

14h

15h

16h

17h

18h

19h

20h

21h

*Agradeça, perdoe e não deseje o mal... Nanã lhe protege das más influências!*

ODU DO DIA
*Ojiologbon*

ACESSE AS PREVISÕES DE HOJE

ANOTAÇÕES:

# 04

**SEGUNDA**

*Odu Iká* NO ASPECTO *positivo*

ORIXÁ REGENTE: *Oxumarê*

● LUA NOVA

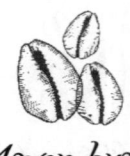

*Novembro*

Aceite suas bênçãos: Oxumarê
lhe permite renovar-se a cada manhã!

ODU DO DIA **Iká**

ACESSE AS
PREVISÕES
DE HOJE

| | |
|---|---|
| | 07h |
| | 08h |
| | 09h |
| | 10h |
| | 11h |
| | 12h |
| | 13h |
| | 14h |
| | 15h |
| | 16h |
| | 17h |
| | 18h |
| | 19h |
| | 20h |
| | 21h |

ANOTAÇÕES:

# Novembro

**Odu Obeogundá** NO ASPECTO *negativo*

ORIXÁ REGENTE: *Obá*

● LUA NOVA

*Lua Vazia: 05/11 07:23h até 05/11 12:17h*

# 05
## TERÇA

07h

08h

09h

10h

11h

12h

13h

14h

15h

*Um pouco de fé e muita coragem: esta é a receita de Obá para a sua vitória!*

16h

17h

18h

ODU DO DIA
*Obeogundá*

19h

20h

21h

ANOTAÇÕES:

# 06

**QUARTA**

*Odu Aláfia* NO ASPECTO *positivo*

ORIXÁ REGENTE: *Orunmilá*

● LUA NOVA

*Novembro*

Depois de toda tempestade, vem a bonança. Até lá, que Orunmilá lhe acolha e lhe abençoe!

ODU DO DIA *Aláfia*

ACESSE AS
PREVISÕES
DE HOJE

07h

08h

09h

10h

11h

12h

13h

14h

15h

16h

17h

18h

19h

20h

21h

ANOTAÇÕES:

*Odu Ejiogbê* NO ASPECTO *positivo*

ORIXÁ REGENTE: *Xangô Airá*

● LUA NOVA

*Lua Vazia: 07/11 19:37h até 07/11 19:57h*

# 07
## QUINTA

**Novembro**

07h _____

08h _____

09h _____

10h _____

11h _____

12h _____

13h _____

14h _____

15h _____

16h _____

17h _____

18h _____

19h _____

20h _____

21h _____

*Agradeça a cada segundo e observe o poder de Xangô Airá transformar sua vida!*

ODU DO DIA
*Ejiogbê*

ACESSE AS
PREVISÕES
DE HOJE

ANOTAÇÕES:

# 08

**SEXTA**

*Odu Ossá* NO ASPECTO *negativo*

<u>ORIXÁ REGENTE:</u> *Iansã*

● LUA NOVA

*Novembro*

Que a força de Iansã lhe torne capaz de confiar e amar a si e a todos ao seu redor!

ODU DO DIA

*Ossá*

ACESSE AS PREVISÕES DE HOJE

07h

08h

09h

10h

11h

12h

13h

14h

15h

16h

17h

18h

19h

20h

21h

ANOTAÇÕES:

**Novembro**

*Odu Ofun* NO ASPECTO *positivo*

ORIXÁ REGENTE: *Oxalufã*

☾ LUA CRESCENTE

*Lua Vazia: 09/11 21:23h até 10/11 00:59h*

# 09
## SÁBADO

07h _____

08h _____

09h _____

10h _____

11h _____

12h _____

13h _____

14h _____

15h _____

*Nenhuma dor dura pra sempre!
Que Oxalufã conforte seu coração!*

16h _____

17h _____

18h _____

ODU DO DIA *Ofun*

19h _____

20h _____

ACESSE AS
PREVISÕES
DE HOJE

21h _____

ANOTAÇÕES:

# 10

## DOMINGO

*Odu Owarin* NO ASPECTO *positivo*

ORIXÁ REGENTE: *Iansã*

☾ LUA CRESCENTE
*Lua Vazia: 09/11 21:23h até 10/11 00:59h*

*Novembro*

É nos pequenos sinais do universo que Iansã se manifesta, permita-se enxergá-los!

ODU DO DIA
*Owarin*

ACESSE AS
PREVISÕES
DE HOJE

07h

08h

09h

10h

11h

12h

13h

14h

15h

16h

17h

18h

19h

20h

21h

ANOTAÇÕES:

# Novembro

*Odu Ejilaxeborá* NO ASPECTO *positivo*

ORIXÁ REGENTE: *Xangô*

☾ LUA CRESCENTE

# 11
## SEGUNDA

| | |
|---|---|
| 07h | |
| 08h | |
| 09h | |
| 10h | |
| 11h | |
| 12h | |
| 13h | |
| 14h | |
| 15h | |
| 16h | |
| 17h | |
| 18h | |
| 19h | |
| 20h | |
| 21h | |

*Por hoje e pelos dias que virão, que Xangô lhe acolha em seus braços e abençoe seu dia!*

ODU DO DIA
*Ejilaxeborá*

ACESSE AS
PREVISÕES
DE HOJE

ANOTAÇÕES:

# 12

**TERÇA**

*Odu Ojiologbon* NO ASPECTO *positivo*

<u>ORIXÁ REGENTE:</u> *Nanã*

☾ **LUA CRESCENTE**

*Lua Vazia: 12/11 03:13h até 12/11 03:25h*

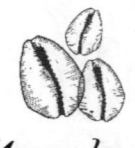

*Novembro*

Fé, força de vontade e paz no coração: esta é a promessa de Nanã para o seu dia!

ODU DO DIA

*Ojiologbon*

ACESSE AS
PREVISÕES
DE HOJE

07h

08h

09h

10h

11h

12h

13h

14h

15h

16h

17h

18h

19h

20h

21h

ANOTAÇÕES:

**Novembro**

*Odu Iká* NO ASPECTO *positivo*

ORIXÁ REGENTE: *Iyewá*

☾ LUA CRESCENTE

# 13
## QUARTA

07h _____

08h _____

09h _____

10h _____

11h _____

12h _____

13h _____

14h _____

15h _____

16h _____

17h _____

18h _____

19h _____

20h _____

21h _____

ANOTAÇÕES:

*Respire fundo e olhe para dentro de si: é lá que mora a força sagrada de Iyewá!*

ODU DO DIA

*Iká*

ACESSE AS
PREVISÕES
DE HOJE

# 14

**QUINTA**

Olhe para os céus e ouça a voz de Obá dizendo: você é capaz de transformar a sua vida!

ODU DO DIA
*Obeggundá*

ACESSE AS
PREVISÕES
DE HOJE

| | 07h |
| --- | --- |
| | 08h |
| | 09h |
| | 10h |
| | 11h |
| | 12h |
| | 13h |
| | 14h |
| | 15h |
| | 16h |
| | 17h |
| | 18h |
| | 19h |
| | 20h |
| | 21h |

ANOTAÇÕES:

## Novembro

Odu *Aláfia* NO ASPECTO *positivo*

ORIXÁ REGENTE: *Orunmilá*

O LUA CHEIA

# 15

SEXTA

Proclamação da República / Dia Nacional da Umbanda

07h _____

08h _____

09h _____

10h _____

11h _____

12h _____

13h _____

14h _____

15h _____

16h _____

17h _____

18h _____

19h _____

20h _____

21h _____

Respire fundo e confie: Orunmilá tem uma grande vitória guardada para você!

ODU DO DIA *Aláfia*

ACESSE AS PREVISÕES DE HOJE

ANOTAÇÕES:

# 16

**SÁBADO**

*Odu Ejiogbê* NO ASPECTO *positivo*

<u>ORIXÁ REGENTE:</u> *Xangô Airá*

O LUA CHEIA
*Lua Vazia: 16/11 04:02h até 16/11 04:08h*

*Novembro*

Se os olhos são o espelho da alma, que Xangô Airá faça os seus brilharem de alegria!

ODU DO DIA
**Ejiogbê**

ACESSE AS
PREVISÕES
DE HOJE

07h

08h

09h

10h

11h

12h

13h

14h

15h

16h

17h

18h

19h

20h

21h

ANOTAÇÕES:

**Novembro**

*Odu Ossá* NO ASPECTO *positivo*

ORIXÁ REGENTE: *Obá*

O LUA CHEIA

# 17
## DOMINGO

07h

08h

09h

10h

11h

12h

13h

14h

15h

16h

17h

18h

19h

20h

21h

*Meu maior desejo? Que Obá lhe faça capaz de agir e mudar o seu destino!*

ODU DO DIA

*Ossá*

ACESSE AS
PREVISÕES
DE HOJE

ANOTAÇÕES:

# 18

**SEGUNDA**

*Novembro*

Felicidade e prosperidade: estas são as promessas de Oxalufã para o seu dia!

ODU DO DIA
*Ofun*

ACESSE AS
PREVISÕES
DE HOJE

| | |
|---|---|
| | 07h |
| | 08h |
| | 09h |
| | 10h |
| | 11h |
| | 12h |
| | 13h |
| | 14h |
| | 15h |
| | 16h |
| | 17h |
| | 18h |
| | 19h |
| | 20h |
| | 21h |

ANOTAÇÕES:

*Odu Ejiokô* NO ASPECTO *positivo*

ORIXÁ REGENTE: *Ogum*

O LUA CHEIA

## Novembro

# 19
## TERÇA

| | |
|---|---|
| 07h | |
| 08h | |
| 09h | |
| 10h | |
| 11h | |
| 12h | |
| 13h | |
| 14h | |
| 15h | |

Que Ogum lhe permita amadurecer com os desafios do destino!

| | |
|---|---|
| 16h | |
| 17h | |
| 18h | |

ODU DO DIA *Ejiokô*

| | |
|---|---|
| 19h | |
| 20h | |
| 21h | |

ACESSE AS PREVISÕES DE HOJE

ANOTAÇÕES:

# 20

**QUARTA**

Dia da Consciência Negra

*Odu Ejilaxeborá* NO ASPECTO *positivo*

ORIXÁ REGENTE: *Xangô*

O LUA CHEIA
*Lua Vazia: 20/11 08:19h até 20/11 10:50h*

*Novembro*

*Apesar das intempéries, que Xangô multiplique suas boas ações!*

ODU DO DIA
*Ejilaxeborá*

ACESSE AS
PREVISÕES
DE HOJE

| | 07h |
| --- | --- |
| | 08h |
| | 09h |
| | 10h |
| | 11h |
| | 12h |
| | 13h |
| | 14h |
| | 15h |
| | 16h |
| | 17h |
| | 18h |
| | 19h |
| | 20h |
| | 21h |

ANOTAÇÕES:

*Odu Ojiologbon* NO ASPECTO *positivo*

ORIXÁ REGENTE: *Nanã*

O LUA CHEIA

## Novembro

# 21
QUINTA

07h _____

08h _____

09h _____

10h _____

11h _____

12h _____

13h _____

14h _____

15h _____

16h _____

17h _____

18h _____

19h _____

20h _____

21h _____

ANOTAÇÕES:

Sorria: apesar da noite escura, um novo sol raiou! Deixe Nanã transformar o seu dia!

ODU DO DIA *Ojiologbon*

ACESSE AS PREVISÕES DE HOJE

# 22

**SEXTA**

*Odu Iká* NO ASPECTO *negativo*

ORIXÁ REGENTE: *Iyewá*

☽ LUA MINGUANTE

*Lua Vazia: 22/11 10:14h até 22/11 20:01h*

*Novembro*

Um novo sol raiou... Que Iyewá abençoe e proteja o seu dia!

ODU DO DIA

*Iká*

ACESSE AS
PREVISÕES
DE HOJE

07h

08h

09h

10h

11h

12h

13h

14h

15h

16h

17h

18h

19h

20h

21h

ANOTAÇÕES:

*Odu Obeogundá* NO ASPECTO *negativo*

ORIXÁ REGENTE: *Obá*

☽ LUA MINGUANTE

*Novembro*

# 23
## SÁBADO

07h _____

08h _____

09h _____

10h _____

11h _____

12h _____

13h _____

14h _____

15h _____

16h _____

17h _____

18h _____

19h _____

20h _____

21h _____

*Nas encruzilhadas da vida, que Exu guie os seus passos e abençoe o seu caminho!*

ODU DO DIA
*Obeogundá*

ACESSE AS
PREVISÕES
DE HOJE

ANOTAÇÕES:

# 24

**DOMINGO**

*Odu Aláfia* NO ASPECTO *negativo*

ORIXÁ REGENTE: *Orunmilá*

☽ LUA MINGUANTE

*Novembro*

Abra o coração e agradeça: Orunmilá trará equilíbrio para as suas escolhas!

ODU DO DIA

*Aláfia*

ACESSE AS
PREVISÕES
DE HOJE

| | |
|---|---|
| | 07h |
| | 08h |
| | 09h |
| | 10h |
| | 11h |
| | 12h |
| | 13h |
| | 14h |
| | 15h |
| | 16h |
| | 17h |
| | 18h |
| | 19h |
| | 20h |
| | 21h |

ANOTAÇÕES:

**Novembro**

*Odu Ejionilé* NO ASPECTO *negativo*

ORIXÁ REGENTE: *Oxoguiã*

☽ LUA MINGUANTE
*Lua Vazia: 25/11 02:34h até 25/11 08:19h*

# 25
## SEGUNDA
Dia Nacional da Baiana de Acarajé

07h

08h

09h

10h

11h

12h

13h

14h

15h

16h

17h

18h

19h

20h

21h

Que tal começar o dia sorrindo? Deixe a força de Oxoguiã lhe inspirar e guiar o seu destino!

ODU DO DIA
*Ejionilé*

ACESSE AS PREVISÕES DE HOJE

ANOTAÇÕES:

# 26

**TERÇA**

*Novembro*

Abra os olhos e permita-se enxergar as belezas que Iyewá preparou para você!

ODU DO DIA

*Ossá*

ACESSE AS
PREVISÕES
DE HOJE

07h

08h

09h

10h

11h

12h

13h

14h

15h

16h

17h

18h

19h

20h

21h

ANOTAÇÕES:

**Novembro**

*Odu Ofun* NO ASPECTO *negativo*

ORIXÁ REGENTE: *Oxalufã*

☾ LUA MINGUANTE
*Lua Vazia: 27/11 06:14h até 27/11 21:20h*

# 27
## QUARTA

07h _____

08h _____

09h _____

10h _____

11h _____

12h _____

13h _____

14h _____

15h _____

16h _____

17h _____

18h _____

19h _____

20h _____

21h _____

*No dia de hoje e a cada momento, que Oxalufã abençoe os seus caminhos!*

ODU DO DIA
*Ofun*

ACESSE AS
PREVISÕES
DE HOJE

ANOTAÇÕES:

# 28

**QUINTA**

*Odu Ejiokô* NO ASPECTO *negativo*

<u>ORIXÁ REGENTE:</u> *Omolu*

☾ LUA MINGUANTE

*Novembro*

Já ouviu seu bater coração hoje? É Omolu dizendo que chegou a hora de vencer!

ODU DO DIA

*Ejiokô*

ACESSE AS
PREVISÕES
DE HOJE

07h

08h

09h

10h

11h

12h

13h

14h

15h

16h

17h

18h

19h

20h

21h

ANOTAÇÕES:

# Novembro

*Odu Ogundá* NO ASPECTO *negativo*

ORIXÁ REGENTE: *Ogum*

☽ LUA MINGUANTE

# 29
SEXTA

07h

08h

09h

10h

11h

12h

13h

14h

15h

16h

17h

18h

19h

20h

21h

*Enquanto há esperança, há um caminho! Que Ogum lhe dê felicidade!*

ODU DO DIA

*Ogundá*

ACESSE AS PREVISÕES DE HOJE

ANOTAÇÕES:

# 30

**SÁBADO**

*Odu Ojiologbon* NO ASPECTO *negativo*

<u>ORIXÁ REGENTE:</u> *Nanã*

☽ LUA MINGUANTE
*Lua Vazia: 30/11 03:18h até 30/11 08:52h*

*Novembro*

*Que neste dia, Nanã abençoe seus desejos com confiança e felicidade!*

ODU DO DIA

*Ojiologbo*

ACESSE AS
PREVISÕES
DE HOJE

07h

08h

09h

10h

11h

12h

13h

14h

15h

16h

17h

18h

19h

20h

21h

ANOTAÇÕES:

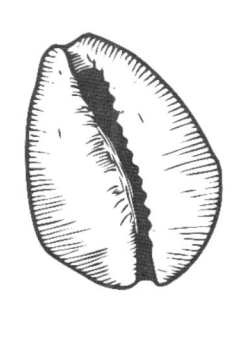
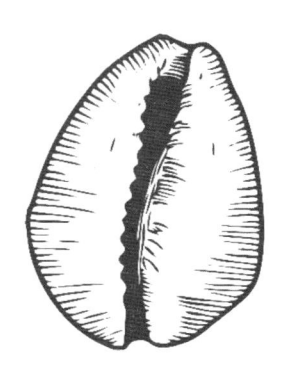

# DEZEMBRO

## ODU DO MÊS: OWARIN

*A felicidade não é questão de sorte, mas de escolha*

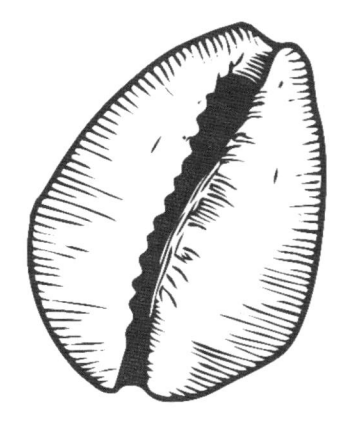

# Previsões para Dezembro

A regência desafiadora do **Odu Owarin** traz sérias preocupações neste mês, e é vital exercer a **máxima cautela, principalmente no que tange à saúde**. Apesar de seu aspecto positivo afirmar a realização de planos, a obtenção de ajuda para concretizar seus objetivos e a tomada de decisões com resultados positivos no futuro, é imperativo que estejamos atentos também à influência negativa deste Odu. Essa influência pode se manifestar como uma **morte súbita de alguém próximo ou como uma morte simbólica**, representando o fim abrupto de relacionamentos e situações que batalhamos para conquistar, por exemplo.

Se, porventura, passar por acidentes nas ruas e estradas, passe rapidamente uma moeda sobre o corpo e a lance na via, a fim de afastar as influências negativas dessas situações que não lhe dizem respeito. Além disso, é prudente **evitar locais com aglomeração de pessoas, como shows e festas**, pois o perigo espreita. Neste mês, o **Odu Owarin** chega com natureza delicada e demanda respeito absoluto. Assim, é benéfico **carregar um cristal de Turmalina ou Obsidiana Negra** e manter, atrás da porta de entrada principal de casa ou do trabalho, um copo com água pura, um pedaço de carvão e uma tesoura disposta em formato de X sobre a boca do copo. No fim do mês, despache esses elementos em uma mata distante (*exceto o copo, que pode ser reutilizado*).

Ainda assim, na última semana do mês as influências deste Odu se apaziguam e Exu e Iansã vêm celebrar conosco o encerramento de mais um ano. Que tal buscar a orientação do Jogo de Búzios **para conhecer o que 2025 lhe reserva** e realizar os rituais necessários para seguir sua jornada de vitórias e conquistas rumo ao melhor ano da sua vida até aqui?

*Odu Ejilaxeborá* NO ASPECTO *positivo*

<u>ORIXÁ REGENTE:</u> *Xangô*

● LUA NOVA

# Dezembro

# 01
## DOMINGO

07h _____

08h _____

09h _____

10h _____

11h _____

12h _____

13h _____

14h _____

15h _____

*Que tal começar o dia sorrindo? Deixe a força de Xangô lhe inspirar e guiar o seu destino!*

16h _____

17h _____

18h _____

ODU DO DIA
*Ejilaxeborá*

19h _____

20h _____

21h _____

ACESSE AS
PREVISÕES
DE HOJE

ANOTAÇÕES:

# 02

**SEGUNDA**

*Dezembro*

Vida longa, saúde e felicidade: que as bênçãos de Nanã lhe cubram por todo o dia!

ODU DO DIA
**Ojiologbon**

ACESSE AS
PREVISÕES
DE HOJE

| | |
|---|---|
| | 07h |
| | 08h |
| | 09h |
| | 10h |
| | 11h |
| | 12h |
| | 13h |
| | 14h |
| | 15h |
| | 16h |
| | 17h |
| | 18h |
| | 19h |
| | 20h |
| | 21h |

ANOTAÇÕES:

*Odu Iká* NO ASPECTO *positivo*

ORIXÁ REGENTE: *Oxumarê*

● LUA NOVA

# Dezembro

# 03

## TERÇA

07h _____

08h _____

09h _____

10h _____

11h _____

12h _____

13h _____

14h _____

15h _____

*Que neste dia que se anuncia, Oxumarê abençoe e proteja você e quem você ama!*

16h _____

17h _____

18h _____

ODU DO DIA *Iká*

19h _____

20h _____

21h _____

ACESSE AS PREVISÕES DE HOJE

ANOTAÇÕES:

# 04

**QUARTA**

 *Odu Obeogundá* NO ASPECTO *negativo*

ORIXÁ REGENTE: *Obá*

● LUA NOVA

*Lua Vazia: 04/12 20:34h até 05/12 01:21h*

*Dezembro*

Acalme seu coração e receba as bênçãos de Obá... Um novo dia vai raiar!

ODU DO DIA
**Obeogundá**

ACESSE AS
PREVISÕES
DE HOJE

| | 07h |
| --- | --- |
| | 08h |
| | 09h |
| | 10h |
| | 11h |
| | 12h |
| | 13h |
| | 14h |
| | 15h |
| | 16h |
| | 17h |
| | 18h |
| | 19h |
| | 20h |
| | 21h |

ANOTAÇÕES:

**Dezembro**

*Odu Aláfia* NO ASPECTO *positivo*

<u>ORIXÁ REGENTE:</u> *Orunmilá*

● LUA NOVA
*Lua Vazia: 04/12 20:34h até 05/12 01:21h*

# 05
## QUINTA

07h _____

08h _____

09h _____

10h _____

11h _____

12h _____

13h _____

14h _____

15h _____

16h _____

17h _____

18h _____

19h _____

20h _____

21h _____

*Agradeça, perdoe e não deseje o mal... Orunmilá lhe protege das más influências!*

ODU DO DIA *Aláfia*

ACESSE AS
PREVISÕES
DE HOJE

ANOTAÇÕES:

# 06

**SEXTA**

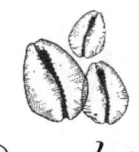

*Dezembro*

Abra o coração e agradeça:
Oxoguiã é quem trará equilíbrio
para as suas escolhas!

ODU DO DIA
*Ejionilé*

ACESSE AS
PREVISÕES
DE HOJE

07h

08h

09h

10h

11h

12h

13h

14h

15h

16h

17h

18h

19h

20h

21h

ANOTAÇÕES:

**Dezembro**

*Odu Ossá* NO ASPECTO *negativo*

<u>ORIXÁ REGENTE:</u> *Iyewá*

● LUA NOVA

*Lua Vazia: 06/12 21:01h até 07/12 06:48h*

# 07
## SÁBADO

|  | |
|---|---|
| 07h | |
| 08h | |
| 09h | |
| 10h | |
| 11h | |
| 12h | |
| 13h | |
| 14h | |
| 15h | |
| 16h | |
| 17h | |
| 18h | |
| 19h | |
| 20h | |
| 21h | |

*Agradeça a cada segundo e observe o poder de Iyewá transformar sua vida!*

ODU DO DIA

*Ossá*

ACESSE AS
PREVISÕES
DE HOJE

ANOTAÇÕES:

# 08

**DOMINGO**

Erga a cabeça e siga em frente! No dia de hoje, é Oxalufã quem lhe guia!

ODU DO DIA

*Ofun*

ACESSE AS
PREVISÕES
DE HOJE

07h

08h

09h

10h

11h

12h

13h

14h

15h

16h

17h

18h

19h

20h

21h

ANOTAÇÕES:

*Odu Ejíokô* NO ASPECTO *positivo*

ORIXÁ REGENTE: *Ogum*

☾ LUA CRESCENTE
*Lua Vazia: 09/12 05:44h até 09/12 10:37h*

## Dezembro

# 09
## SEGUNDA

07h

08h

09h

10h

11h

12h

13h

14h

15h

16h

17h

18h

19h

20h

21h

*Se os olhos são o espelho da alma, que
Ogum faça os seus brilharem de alegria!*

ODU DO DIA
*Ejíokô*

ACESSE AS
PREVISÕES
DE HOJE

ANOTAÇÕES:

# 10

**TERÇA**

*Dezembro*

Receba as bênçãos de Xangô e permita-se ser feliz: você merece!

ODU DO DIA
*Ejilaxeborá*

ACESSE AS
PREVISÕES
DE HOJE

| 07h |
| 08h |
| 09h |
| 10h |
| 11h |
| 12h |
| 13h |
| 14h |
| 15h |
| 16h |
| 17h |
| 18h |
| 19h |
| 20h |
| 21h |

ANOTAÇÕES:

**Odu Ojiologbon** NO ASPECTO *negativo*

ORIXÁ REGENTE: *Nanã*

☾ LUA CRESCENTE
*Lua Vazia: 10/12 19:13h até 11/12 12:54h*

# Dezembro

# 11
## QUARTA

07h

08h

09h

10h

11h

12h

13h

14h

15h

16h

17h

18h

19h

20h

21h

ANOTAÇÕES:

*Que Nanã lhe permita seguir em frente, pois a felicidade está chegando!*

ODU DO DIA
*Ojiologbon*

ACESSE AS
PREVISÕES
DE HOJE

# 12

**QUINTA**

*Odu Iká* NO ASPECTO *positivo*

ORIXÁ REGENTE: *Iyewá*

☽ LUA CRESCENTE

Dia de Celebração ao Odu Ejilaxeborá

*Dezembro*

*Por hoje e todo o sempre, que Iyewá guie seus passos e abra os seus caminhos!*

ODU DO DIA

*Iká*

ACESSE AS
PREVISÕES
DE HOJE

07h

08h

09h

10h

11h

12h

13h

14h

15h

16h

17h

18h

19h

20h

21h

ANOTAÇÕES:

**Dezembro**

*Odu Obeogundá* NO ASPECTO *positivo*

ORIXÁ REGENTE: *Obá*

☾ LUA CRESCENTE
*Lua Vazia: 13/12 09:39h até 13/12 14:21h*

# 13
### SEXTA
Dia de Santa Luzia / Dia de Iyewá

07h _____

08h _____

09h _____

10h _____

11h _____

12h _____

13h _____

14h _____

15h _____

16h _____

17h _____

18h _____

19h _____

20h _____

21h _____

No dia de hoje, que Obá lhe dê a sabedoria das boas escolhas!

ODU DO DIA *Obeogundá*

ACESSE AS
PREVISÕES
DE HOJE

ANOTAÇÕES:

# 14
**SÁBADO**

*Dezembro*

Por hoje e pelos dias que virão, que Orunmilá lhe acolha em seus braços e abençoe seu dia!

ODU DO DIA *Aláfia*

ACESSE AS PREVISÕES DE HOJE

| | |
|---|---|
| | 07h |
| | 08h |
| | 09h |
| | 10h |
| | 11h |
| | 12h |
| | 13h |
| | 14h |
| | 15h |
| | 16h |
| | 17h |
| | 18h |
| | 19h |
| | 20h |
| | 21h |

ANOTAÇÕES:

*Odu Ejiogbê* NO ASPECTO *positivo*

ORIXÁ REGENTE: *Xangô Airá*

O LUA CHEIA

*Lua Vazia: 15/12 11:31h até 15/12 16:21h*

**Dezembro**

# 15

DOMINGO

07h _____

08h _____

09h _____

10h _____

11h _____

12h _____

13h _____

14h _____

15h _____

16h _____

17h _____

18h _____

19h _____

20h _____

21h _____

*Fé acima de tudo e apesar de tudo! Tenha certeza: Xangô Airá é por você!*

ODU DO DIA **Ejiogbê**

ACESSE AS PREVISÕES DE HOJE

ANOTAÇÕES:

# 16

**SEGUNDA**

*Dezembro*

*Por hoje e sempre, que Iyewá lhe dê bons amigos em quem confiar!*

ODU DO DIA

*Ossá*

ACESSE AS
PREVISÕES
DE HOJE

07h

08h

09h

10h

11h

12h

13h

14h

15h

16h

17h

18h

19h

20h

21h

ANOTAÇÕES:

**Dezembro**

*Odu Ofun* NO ASPECTO *positivo*

ORIXÁ REGENTE: *Oxalufã*

O LUA CHEIA
*Lua Vazia: 17/12 15:33h até 17/12 20:39h*

# 17
## TERÇA

07h _____

08h _____

09h _____

10h _____

11h _____

12h _____

13h _____

14h _____

15h _____

16h _____

17h _____

18h _____

19h _____

20h _____

21h _____

*Enquanto há esperança, há um caminho! Que Oxalufã lhe dê felicidade!*

ODU DO DIA
*Ofun*

ACESSE AS
PREVISÕES
DE HOJE

ANOTAÇÕES:

# 18

**QUARTA**

*Odu Ejiokô* NO ASPECTO *positivo*

ORIXÁ REGENTE: *Ogum*

O LUA CHEIA

*Dezembro*

As palavras de Ogum são certeiras: seus caminhos lhe guiarão para a vitória!

ODU DO DIA

*Ejiokô*

ACESSE AS
PREVISÕES
DE HOJE

07h

08h

09h

10h

11h

12h

13h

14h

15h

16h

17h

18h

19h

20h

21h

ANOTAÇÕES:

*Odu Ogundá* NO ASPECTO *negativo*

ORIXÁ REGENTE: *Ogum*

O LUA CHEIA

## Dezembro

# 19
## QUINTA

07h _____

08h _____

09h _____

10h _____

11h _____

12h _____

13h _____

14h _____

15h _____

16h _____

17h _____

18h _____

19h _____

20h _____

21h _____

ANOTAÇÕES:

*Um pouco de fé e muita coragem: esta é a receita de Ogum para a sua vitória!*

ODU DO DIA *Ogundá*

ACESSE AS PREVISÕES DE HOJE

# 20

**SEXTA**

Que neste dia, Nanã abençoe os seus desejos com confiança e felicidade!

ODU DO DIA **Ojiologbon**

ACESSE AS
PREVISÕES
DE HOJE

| | 07h |
| --- | --- |
| | 08h |
| | 09h |
| | 10h |
| | 11h |
| | 12h |
| | 13h |
| | 14h |
| | 15h |
| | 16h |
| | 17h |
| | 18h |
| | 19h |
| | 20h |
| | 21h |

ANOTAÇÕES:

*Odu Iká* NO ASPECTO *positivo*

<u>ORIXÁ REGENTE:</u> *Iyewá*

○ LUA CHEIA

# *Dezembro*

# 21

## SÁBADO

Início do Verão

07h

08h

09h

10h

11h

12h

13h

14h

15h

16h

17h

18h

19h

20h

21h

ANOTAÇÕES:

ODU DO DIA *Iká*

*Bons caminhos, boas conquistas e boas companhias: é Iyewá quem lhe protege!*

ACESSE AS PREVISÕES DE HOJE

# 22

**DOMINGO**

*Odu Obeogundá* NO ASPECTO *negativo*

ORIXÁ REGENTE: *Obá*

☽ LUA MINGUANTE

*Lua Vazia: 22/12 10:27h até 22/12 16:07h*

*Dezembro*

Acredite: Obá lhe dará a sabedoria necessária para evoluir e vencer!

ODU DO DIA *Obeogundá*

ACESSE AS
PREVISÕES
DE HOJE

07h

08h

09h

10h

11h

12h

13h

14h

15h

16h

17h

18h

19h

20h

21h

ANOTAÇÕES:

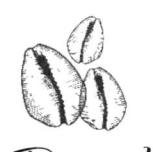

*Odu Aláfia* NO ASPECTO *negativo*

ORIXÁ REGENTE: *Orunmilá*

☽ LUA MINGUANTE

# Dezembro

# 23
SEGUNDA

07h

08h

09h

10h

11h

12h

13h

14h

15h

16h

17h

18h

19h

20h

21h

*Um novo sol raiou... Que Orunmilá abençoe e proteja o seu dia!*

ODU DO DIA *Aláfia*

ACESSE AS
PREVISÕES
DE HOJE

ANOTAÇÕES:

# 24

**TERÇA**
Véspera de Natal

*Dezembro*

De agora em diante e por todo o sempre, que Oxoguiã lhe dê força e coragem para vencer!

ODU DO DIA

*Ejionilé*

ACESSE AS
PREVISÕES
DE HOJE

| | |
|---|---|
| | 07h |
| | 08h |
| | 09h |
| | 10h |
| | 11h |
| | 12h |
| | 13h |
| | 14h |
| | 15h |
| | 16h |
| | 17h |
| | 18h |
| | 19h |
| | 20h |
| | 21h |

ANOTAÇÕES:

**Dezembro**

*Odu Ossá* NO ASPECTO *negativo*

ORIXÁ REGENTE: *Iansã*

☽ LUA MINGUANTE
*Lua Vazia: 24/12 07:43h até 25/12 05:06h*

# 25

QUARTA

Natal / Dia de Oxalá

07h

08h

09h

10h

11h

12h

13h

14h

15h

16h

17h

18h

19h

20h

21h

ANOTAÇÕES:

*Acalme-se e siga em frente! Iansã lhe trará a força e a coragem para vencer!*

ODU DO DIA
*Ossá*

ACESSE AS
PREVISÕES
DE HOJE

# 26

**QUINTA**

*Nas encruzilhadas da vida, que Exu guie os seus passos e abençoe o seu caminho!*

ODU DO DIA

*Ofun*

ACESSE AS PREVISÕES DE HOJE

| | |
|---|---|
| | 07h |
| | 08h |
| | 09h |
| | 10h |
| | 11h |
| | 12h |
| | 13h |
| | 14h |
| | 15h |
| | 16h |
| | 17h |
| | 18h |
| | 19h |
| | 20h |
| | 21h |

ANOTAÇÕES:

*Odu Ejiokô* NO ASPECTO *negativo*

ORIXÁ REGENTE: *Omolu*

☽ LUA MINGUANTE
*Lua Vazia: 27/12 11:23h até 27/12 16:46h*

*Dezembro*

# 27
## SEXTA

07h _____

08h _____

09h _____

10h _____

11h _____

12h _____

13h _____

14h _____

15h _____

16h _____

17h _____

18h _____

19h _____

20h _____

21h _____

ANOTAÇÕES:

*Pelo dia de hoje, que Exu lhe provoque... e que Omolu lhe abençoe!*

ODU DO DIA *Ejiokô*

ACESSE AS
PREVISÕES
DE HOJE

# 28

**SÁBADO**

*Odu Ogundá* NO ASPECTO *negativo*

ORIXÁ REGENTE: *Ogum*

☽ LUA MINGUANTE

*Dezembro*

No dia de hoje e a cada momento, que Ogum abençoe os seus caminhos!

ODU DO DIA

*Ogundá*

ACESSE AS
PREVISÕES
DE HOJE

07h

08h

09h

10h

11h

12h

13h

14h

15h

16h

17h

18h

19h

20h

21h

ANOTAÇÕES:

*Odu Irossun* NO ASPECTO *negativo*

ORIXÁ REGENTE: *Iemanjá*

☽ LUA MINGUANTE
*Lua Vazia: 29/12 20:34h até 30/12 01:37h*

# Dezembro

# 29
## DOMINGO

07h _____

08h _____

09h _____

10h _____

11h _____

12h _____

13h _____

14h _____

15h _____

16h _____

17h _____

18h _____

19h _____

20h _____

21h _____

*Acredite na força que há dentro de você! Iemanjá está no comando do seu destino!*

ODU DO DIA *Irossun*

ACESSE AS
PREVISÕES
DE HOJE

ANOTAÇÕES:

# 30

## SEGUNDA

*Odu Iká* NO ASPECTO *positivo*

<u>ORIXÁ REGENTE:</u> *Oxumarê*

● LUA NOVA
*Lua Vazia: 29/12 20:34h até 30/12 01:37h*

*Dezembro*

É nos pequenos sinais do universo que Oxumarê se manifesta, permita-se enxergá-los!

ODU DO DIA

*Iká*

ACESSE AS
PREVISÕES
DE HOJE

_____ 07h
_____
_____ 08h
_____
_____ 09h
_____
_____ 10h
_____
_____ 11h
_____
_____ 12h
_____
_____ 13h
_____
_____ 14h
_____
_____ 15h
_____
_____ 16h
_____
_____ 17h
_____
_____ 18h
_____
_____ 19h
_____
_____ 20h
_____
_____ 21h
_____

ANOTAÇÕES:

*Odu Obecgundá* NO ASPECTO *negativo*

ORIXÁ REGENTE: *Obá*

● LUA NOVA

# Dezembro

## 31
### TERÇA
Réveillon

07h _____

08h _____

09h _____

10h _____

11h _____

12h _____

13h _____

14h _____

15h _____

16h _____

17h _____

18h _____

19h _____

20h _____

21h _____

ANOTAÇÕES:

*Apesar das intempéries, que Obá multiplique suas boas ações!*

ODU DO DIA
*Obecgundá*

ACESSE AS
PREVISÕES
DE HOJE

## LIÇÕES APRENDIDAS NO ANO QUE PASSOU...

O ano está terminando e, com isso, é hora de estabelecer as metas e objetivos para o novo ciclo que se aproxima. Antes disso, que tal aproveitar esse momento para perceber o quanto você evoluiu nos meses que se passaram? Pensando nos últimos doze meses, quais foram as principais lições aprendidas até aqui?

1. _____

2. _____

3. _____

4. _____

5. _____

6. _____

7. _____

8. _____

9. _____

10. _____

11. _____

12. _____

# METAS PARA O ANO QUE VAI COMEÇAR...

Ao meditar conscientemente sobre as experiências do passado e entendermos como, a cada dia, podemos nos tornar responsáveis pela nossa própria felicidade, também podemos escolher o futuro que vamos experimentar. Pensando nisso e nas lições aprendidas até aqui, quais são as suas metas e objetivos para transformar o ano que vem no melhor ano da sua vida até agora?

1. _____

2. _____

3. _____

4. _____

5. _____

6. _____

7. _____

8. _____

9. _____

10. _____

11. _____

12. _____

# TELEFONES IMPORTANTES

**Nome:** _____

Tel.: (___) _____-_____        Cel.: (___) _____-_____

**Nome:** _____

Tel.: (___) _____-_____        Cel.: (___) _____-_____

**Nome:** _____

Tel.: (___) _____-_____        Cel.: (___) _____-_____

**Nome:** _____

Tel.: (___) _____-_____        Cel.: (___) _____-_____

**Nome:** _____

Tel.: (___) _____-_____        Cel.: (___) _____-_____

**Nome:** _____

Tel.: (___) _____-_____        Cel.: (___) _____-_____

**Nome:** _____

Tel.: (___) _____-_____        Cel.: (___) _____-_____

**Nome:** _____

Tel.: (___) _____-_____        Cel.: (___) _____-_____

**Nome:** _____

Tel.: (___) _____-_____        Cel.: (___) _____-_____

**Nome:** _____

Tel.: (___) _____-_____        Cel.: (___) _____-_____

**Nome:** _____

Tel.: (___) _____-_____        Cel.: (___) _____-_____